法|学|研|究|文|丛
——刑事诉讼法学——

认罪协商下的比较刑事司法

祁建建 ◉ 著

知识产权出版社
全国百佳图书出版单位
—北京—

图书在版编目（CIP）数据

认罪协商下的比较刑事司法/祁建建著. -- 北京：知识产权出版社，2024.12. -- ISBN 978-7-5130-9727-7

Ⅰ.D915.304

中国国家版本馆 CIP 数据核字第 2024GJ4054 号

内容提要

本书探讨认罪协商下的比较刑事司法，包括域外刑事司法与刑事程序、域外司法辖区的认罪协商、检察裁量权、律师辩护权、法官裁量权、审前羁押与矫正监禁及相关理论与学说。

本书适合法学理论、实务、教育界人士及学生阅读。

责任编辑：龚 卫　　　　　　责任印制：孙婷婷
封面设计：智兴设计室

认罪协商下的比较刑事司法
RENZUI XIESHANG XIA DE BIJIAO XINGSHI SIFA

祁建建　著

出版发行：	知识产权出版社有限责任公司	网　址：	http://www.ipph.cn
电　话：	010-82004826		http://www.laichushu.com
社　址：	北京市海淀区气象路50号院	邮　编：	100081
责编电话：	010-82000860 转 8120	责编邮箱：	laichushu@cnipr.com
发行电话：	010-82000860 转 8101	发行传真：	010-82000893
印　刷：	北京中献拓方科技发展有限公司	经　销：	新华书店、各大网上书店及相关专业书店
开　本：	880mm×1230mm 1/32	印　张：	7.5
版　次：	2024年12月第1版	印　次：	2024年12月第1次印刷
字　数：	181千字	定　价：	58.00元
ISBN 978-7-5130-9727-7			

出版权专有　侵权必究
如有印装质量问题，本社负责调换。

目录
CONTENTS

绪　论 ‖ 001

第一章　刑事程序与刑事司法 ‖ 008
　第一节　刑事程序和刑事司法区分概要 / 008
　　一、刑事程序的权利保障 / 008
　　二、刑事司法的多重目标 / 010
　　三、刑事程序和刑事司法的紧张关系 / 012
　第二节　以权利和救济为核心的刑事程序法 / 012
　　一、刑事程序法的发展背景 / 013
　　二、刑事程序法的目的与挑战 / 016
　　三、刑事程序与信任危机 / 018
　第三节　平衡多种目标的刑事司法 / 020
　　一、刑事司法资源分配 / 020
　　二、刑事司法的跨国影响 / 020
　　三、刑事司法系统面临挑战 / 021
　　四、刑事司法的未来发展方向 / 022

第二章 不同司法区的认罪协商比较 ‖ 023

第一节 美国联邦与州法上的认罪协商空间 / 024

一、《美国法典》关于法官考虑的量刑要素 / 024

二、《美国联邦量刑指南》中受检察官影响的量刑因素 / 026

三、《美国联邦量刑指南》与《美国法典》之间的互动关系创造量刑协商空间 / 028

四、联邦法与州法上的指控协商空间 / 028

第二节 认罪协商的一般政策 / 030

一、允许认罪协商 / 030

二、限制检察官与被告人直接协商 / 036

三、认罪协议对法官的效力与法官的裁量权 / 041

四、被告人享有律师帮助辩护的权利 / 054

第三节 对一般政策的限制与突破 / 059

一、禁止或限制量刑协商 / 060

二、禁止或限制某些指控协商 / 066

三、允许法官参与认罪协商 / 076

第三章 作为认罪协商基础的检察裁量权 ‖ 079

第一节 检察官体系与检察裁量权 / 079

一、检察系统与检察官 / 080

二、检察裁量权的来源 / 081

三、检察裁量权的演变 / 082

第二节 检察责任制及裁量权 / 084

一、检察官的产生机制与裁量权 / 084

二、联邦起诉政策与裁量权 / 096
　　三、"三振出局法"及其实施与检察裁量 / 122
第三节　检察裁量权的司法规制 / 127
　　一、对检察裁量权不予司法审查 / 128
　　二、法院对检察裁量权的认同理论 / 134
　　三、刑法扩张背景下的检察裁量权 / 144
　　四、认罪协商与检察裁量权 / 146
第四节　对检察裁量权的其他规制 / 158
　　一、职业道德与内部纪律 / 159
　　二、对检察裁量权的公共审查 / 164

第四章　剥夺自由、量刑差异与无罪处置 ‖ 169

第一节　审前羁押与认罪 / 169
　　一、审前羁押及其程序保障 / 170
　　二、审前羁押恶化诉讼结局 / 175
　　三、审前羁押效果存疑 / 176
第二节　量刑差异与认罪 / 178
　　一、量刑差异引诱认罪 / 178
　　二、监禁的惩罚性多于改造 / 179
　　三、非监禁刑的诱惑 / 182
第三节　定罪与认罪 / 183
　　一、不诉与撤诉可能性 / 184
　　二、无罪判决的难度 / 185
　　三、死刑的现实危险 / 187

第五章　认罪协商的理论与学说 ‖ 192
　　第一节　强制论与激励论／192
　　　　一、激励与强制／193
　　　　二、制度化强制／194
　　　　三、认罪机器论／196
　　第二节　认知论／198
　　　　一、无辜者由于认知偏差认罪／199
　　　　二、框架效应论／200
　　第三节　其他理论／202
　　　　一、定罪的行政化／202
　　　　二、辩护人身份论／203
　　　　三、程序公正价值论／205

余　　论 ‖ 209

参考文献 ‖ 216

后　　记 ‖ 231

CHAPTER » 绪 论

习近平总书记指出,坚持从我国实际出发,不等于关起门来搞法治。对世界上的优秀法治文明成果,要积极学习借鉴,有选择地吸收和转化,以我为主、为我所用。但是,我们决不能照搬别国模式和做法,决不搞"全盘西化""全面移植"。❶

习近平总书记指出,强调民族性并不是要排斥其他国家的学术研究成果,我们既要立足本国实际,又要开门搞研究,对人类创造的有益的理论观点和学术成果,应该吸收借鉴。❷ 习近平总书记指出,法治是人类文明的重要成果之一,法治的精髓和要旨对于各国国家治理和社会治理具有普遍意义,我们要学习借鉴世界上优秀的法治文明成果。❸

习近平总书记在 2023 年 11 月 27 日主持中共中央政治局第十次集体学习时强调,加强涉外法治理

---

❶ 中共中央宣传部:《习近平新时代中国特色社会主义思想学习纲要》,学习出版社、人民出版社 2023 年版,第 105 页。

❷ 中共中央宣传部:《习近平新时代中国特色社会主义思想学习纲要》,学习出版社、人民出版社 2023 年版,第 200 页。

❸ 习近平:《论坚持全面依法治国》,中央文献出版社 2020 年版,第 111 页。

论和实践前沿课题研究,构建中国特色、融通中外的涉外法治理论体系和话语体系,彰显我国法治大国、文明大国形象。❶习近平总书记指出,加强涉外法治建设既是以中国式现代化全面推进强国建设、民族复兴伟业的长远所需,也是推进高水平对外开放、应对外部风险挑战的当务之急。❷

习近平总书记主持中央政治局进行第三十五次集体学习并发表重要讲话指出,我国法治体系还存在一些短板和不足,主要是:法律规范体系不够完备,重点领域、新兴领域相关法律制度存在薄弱点和空白区;法治实施体系不够高效,执法司法职权运行机制不够科学;法治监督体系不够严密,各方面监督没有真正形成合力;法治保障体系不够有力,法治专门队伍建设有待加强;涉外法治短板比较明显,等等。这些问题,必须抓紧研究解决。❸习近平总书记指出,从国际看,世界进入动荡变革期,国际竞争越来越体现为制度、规则、法律之争。我们必须加强涉外法律法规体系建设,提升涉外执法司法效能,坚决维护国家主权、安全、发展利益。❹习近平总书记强调,要坚持统筹推进国内法治和涉外法治,按照急用先行原则,加强涉外领域立法,进一步完善反制裁、反干涉、反制"长臂管辖"法律法规,推动我国法域外适用的法律体系建设。要把拓展执法司法合作纳入双边多边关系建设的重要议题,延伸保护我国海外利益的安全链。要加强涉外法治人才建设。❺

根据习近平总书记的重要指示精神,为了加强涉外法治理论

---

❶❷ "习近平在中共中央政治局第十次集体学习时强调 加强涉外法制建设 营造有利法治条件和外部环境",载《人民日报》2023年11月29日,第1版。

❸❹❺ 习近平:"坚持走中国特色社会主义法治道路 更好推进中国特色社会主义法治体系建设",载《求是》2022年第4期。

和实践前沿课题研究，构建中国特色、融通中外的涉外法治理论体系和话语体系，加强涉外法治建设、提升涉外执法司法效能、拓展执法司法合作、保护我国海外利益、加强涉外法治人才建设、应对外部风险挑战，需要抓紧研究深入了解涉外法治及域外的法治理论、立法和变化。

本书主题为"认罪协商下的比较刑事司法"，研究探讨近年来域外认罪制度背景下刑事司法的现状及变化。主要内容的展开思路是，通过分析域外刑事诉讼变迁、诉讼程序规定、证据规则等相关文献，探讨域外认罪协商体制下的检察自由裁量权、法官裁判权、刑罚的确定、被追诉人的实体权利与程序权利等问题。重点审视域外刑事司法的职权配置、权利保障等方面。研究重点是对近年来域外认罪制度下刑事司法诉辩审执等方面进行评析比较。

近几年，科技应用和经济社会变迁使域外刑事司法领域呈现与以往不同的一些变化。从犯罪学角度看，新的犯罪手段或者新环境导致了新的犯罪现象；从实体法看，刑法犯罪定义扩张、犯罪圈扩大；从刑事诉讼法看，通过认罪制度承接更多刑事案件需要更多资源，不仅包括人财物力，更需要创新刑事政策和程序规则，勉力维持程序的正当性、透明度；从证据法看，更新了证据规则，以应对认罪制度给刑事司法带来的风险。归根结底，刑事司法部门作为国家强力机构，深层目的还是在保障人的各种权利不受不必要的剥夺或限制的基础上运用暴力约束犯罪，政府必须经过正当的法定程序才能剥夺限制这些权利，并使人铭记，自由决定自己的生活事务和使用处分自己的财产需要恪守法律的边界。

笔者通过对近年来域外认罪体制下刑事司法及其变化进行初步的比较研究，希冀为我国加强涉外法治建设、维护我国海外利益、提升涉外执法司法效能、拓展执法司法合作提供一些参考。由于笔者研究能力所限，本书主要以美国认罪协商下的刑事司法为重点进行比较研究，并梳理关于认罪协商的刑事司法政策法规及数据，在此基础上展开分析。

要开展比较研究，首先要说明重要概念和术语的翻译情况。"Plea Bargaining"这一术语最初源于美国，最常见的翻译是"辩诉交易"或"认罪协商"，二者通用。"Plea Agreement"是认罪协商中控辩双方就定罪量刑、案件处置及其事实基础等事宜达成的协议。美国马里兰州、新墨西哥州、蒙大拿州刑事诉讼规则关于认罪协商的法条使用"Plea Agreement"这一术语作为标题。2012年英国总检察长借鉴美国认罪协商对重大诈骗案件作出的规范性文件也在文件标题中使用了这一术语，可译为"认罪协议"或"辩诉协议"。2024年新西兰总检察长公诉指南使用"Plea Discussions and Arrangement""Bargain"，直译为"认罪协商与协议""交易"。德国、法国等很多国家借鉴了美国认罪协商制度，各有其特点，也有不同的名称。例如，2019年德国司法部官网公布的英文版刑事诉讼法第257c条使用的是"Negotiated Agreement"，直译为"协商的协议"，通常被翻译成"刑事协商"。我国研究中对认罪协商常见的其他译名还包括"辩诉协商""诉辩交易""控辩协商""控辩协议""答辩协议"等术语。

认罪协商涉及控辩双方之间的谈判协商，协商有时发生在检察官正式起诉之前，有时发生在法官提审听证会告知被告人已被起诉之后，检察官可能会向辩护律师或放弃律师辩护权的被告人提出认罪的提议，以被告人认罪交换减轻罪行或从轻量刑。控辩双方达成一致的认罪协议一般要采取书面形式。被告人认罪必须在公开法庭上进行，且法官亲自与被告人对话，审查确认自愿性和事实基础后，有权决定是否接受认罪协议或推迟决定。认罪的刑事被告人也放弃了部分宪法权利，如放弃陪审团审判的权利需要被告人自愿理智的书面放弃并亲笔签字，经检察官同意，并且经法官许可。被告人不签字的弃权无效，仍有权进行陪审团审判。

在美国大部分司法辖区，认罪协商既适用于轻罪案件，也适用于重罪和死刑案件。检察官的起诉裁量权是辩诉协商的基础。检察官行使自由裁量权时受到的监督较少，这增加了类案不同判的风险，被告人在类似事实基础上可能面临不同诉讼结果。美国各州有不同的量刑指南和刑事法，不同州县的检察官有可能实施不同的起诉理念和政策。联邦和各州量刑指南在认罪协商中发挥了重要作用，对有些罪行规定了强制性最低刑，不允许法官在最低刑以下量刑，除非检察官提出申请。联邦和 28 个州还有三振出局法，这使被起诉重罪又有两次重罪前科的被告人可能无法获得宽大处理，除非检察官以起诉轻罪或者不起诉惯犯情节来换取被告人认罪。如果检察官对被告人提出的起诉属于以上情况，又向被告人提出认罪的提议，律师可能会建议被告人接受检察官的认罪提议，以免被陪审团或法官法庭定罪后判处长期自由刑。起诉死刑罪名更是如此。

在美国认罪协商案件中，是否允许法官参与协商，联邦和大部分州的刑事诉讼规则予以否定。法官对是否接受认罪协议拥有自由裁量权，据此保持着对定罪量刑的最终审判权。大部分法院和法官倾向于通过认罪协商解决案件。其一，陪审团审判由简约到越来越冗长，导致资源短缺、工作量大及上诉。认罪协商使案件不经陪审团审判迅速结案，不再耗费时间和资源。其二，在陪审团审理的案件中，如果陪审团裁定被告人犯有强制性最低刑的罪行，根据量刑指南，法官就没有量刑的自由裁量权，但是法官可以根据检察官的申请突破这些规定来量刑,扩展了法官的量刑范围。

为了在认罪占据绝对优势的刑事司法系统中确保司法公正,美国联邦和各州要求由辩护律师和检察官协商以适应刑事诉讼的专业化。对于放弃律师辩护权的被告人,则对检察官职业道德、证据规则、法官的要求更高。联邦刑事诉讼规则限制检察官进行某些形式的认罪协商,控辩双方达成的协议要在法庭上公开宣读,确保控方没有隐匿的承诺并履行既定承诺。除案件被封存等法定例外以外,公开的协议可供查询取阅。美国大多数州在本辖区制定了类似于联邦刑事诉讼规则的规定,但也出现了若干差异。例如,有的州在某些重罪中限制认罪协商,如加利福尼亚州禁止某些重罪的认罪协商,纽约州为某些重罪的指控协商划出底线;加利福尼亚州禁止对死刑案件进行认罪协商,纽约州禁止在认罪协议中建议判死刑。此外,阿拉斯加州废除量刑协商,这在新西兰从一开始就被禁止,理论根据是认为量刑是法官的审判权利。

对被害人而言,英国和新西兰总检察长发布的政策指南认为,认罪案件中被害人不必出庭作证,减轻了压力,是认罪协商的优势。检察官与辩护律师可能很快达成一致,法官可能会很快批准认罪协议,而被害人或其家人可能没有机会与被告人对质。但总有被害人可能期待对质,出席正式的陪审团审判或者法官审判程序。在这样的案件中,被害人可能认为认罪协商判得太轻,被告人未经开庭审判、经受充分谴责,不能为自己伸张正义。因此,美国有些地区对于有被害人的案件,尤其是当法官面对特殊类型如美国联邦法上一旦接受就要照此量刑的 C 类协议时,有着更为严格的前置条件,法官须与检察官一起保障被害人提交被害人影响陈述的权利。

认罪协商备受争议,然而持续存在,且在刑事司法中的占比极高。实践中,检察官可能会向被告人开出无法拒绝的条件,而法官也乐见其成接受双方解决案件的协议。总体而言,认罪协商能使刑事司法系统解决更多的案件,从而扩充刑事司法的容量,以应对刑法犯罪定义的扩张带来的资源压力。

认罪协商面对长期的批评,如认罪协商允许被告人规避法律和应得惩罚,认罪协商可能造成强迫认罪,可能造成无辜被告人接受认罪协商以避免审判带来的费用、重判和死刑压力等。如何通过权利保障、证据规则、刑事程序规则、职业道德规范的完善,尽可能贯彻无罪推定、做到罚当其罪、防范不自愿认罪、避免无辜者认罪,同时保持刑事司法对刑法扩张的适应力,是有着认罪制度的国家共同面对的挑战。

CHAPTER 01≫ 第一章
刑事程序与刑事司法

本章试图分析的问题是刑事程序和刑事司法，这两个术语常被放在一起使用，二者关系密切，但又有所不同。

第一节 刑事程序和刑事司法区分概要

刑事程序和刑事司法的区分很重要，刑事程序是刑事司法的一部分。即使刑事司法将刑事程序作为工具，它也蕴含了刑事司法最重要的价值即公正，以被告人权利保障作为重点。

一、刑事程序的权利保障

刑事程序是办理、审理刑事案件的系列法律框架，是确保被怀疑、被起诉犯罪的人得到公平对待的法律程序，规定了刑事案件从侦查和逮捕到审判、量刑和上诉等在不同部门的办理方式,它包括侦查执法人员、检察官、辩护律师和法官必须遵循的一系列规则、原则和流程。这包括与无罪推定、正当程序、证据收集及排除、陪审团审判以及被告人权利相关的规则。刑事诉讼程序的目的是确保公正司法,保护被告人的诉讼权利、实体权利,其中很多权利属于宪法权利。刑事诉讼法的内容很庞杂,关于被告人权利保障的规则是其中的重要部分。

刑事诉讼程序包括以下主要内容。其一,侦查和逮捕。执法机关侦查调查犯罪活动,收集证据,并拘留逮捕嫌疑人。拘留逮捕是根据证据认为嫌疑人涉嫌犯罪,并有证据表明其可能逃避出庭或犯新罪等。其二,被告人享有不被强迫自证其罪的权利、获得律师帮助其辩护的权利、不受非法搜查和扣押的权利等。其三,起诉。由检察官审查证据并决定是否提起诉讼,有的国家由大陪审团起诉某些案件,被告人通过大陪审团起诉书或检察官起诉书获知起诉罪名、涉嫌犯罪的事实等内容。其四,审前程序或称审前法庭程序,是指开庭审判案件之前的法庭听证程序,如在美国包括法庭保释、法庭提审,在提审时被告人作出认罪或不认罪的答辩等。其五,陪审团审判或法官法庭审判。在美国如果案件未通过认罪协商解决,将由陪审团或法官法庭作出是否有罪的裁决,在法庭上由控方承担举证责任,控辩双方质证辩论。其中陪审团审判过程包括陪审团挑选、开庭陈述、质证和辩论总结、陪审团评议。审判除法定例外全部公开进行。其六,量刑。在大陆法系国家,如中国、德国、法国、日本,不区分定罪和量刑程序,法官作出的一份判决既包括定罪也包括量刑。在英美法系国家,如美国,量刑程序和量刑裁判独立于审判定罪程序及其定罪裁决。如果被告人通过陪审团或法官审判被判有罪,将择期量刑。量刑可能包括罚款、缓刑、剥夺自由的监禁或其他惩罚。其七，上诉。被判有罪的人有权上诉。上诉由高一个级别的法院审理，以确定第一审审判是否公平进行，裁判结果是否正确。其八，定罪后的程序。这些程序包括假释或定罪后救济程序等。刑事诉讼程序在确保控方有权执行法律的同时，保护个人权利，确保法律程序的公正和公开。

二、刑事司法的多重目标

刑事司法是预防犯罪、执行侦查、起诉、审判和惩罚犯罪的系统，包括执法、法院和监狱等惩戒改造系统。刑事司法系统通过各个阶段运作，从逮捕嫌疑人到审判、量刑，以及可能的后续监禁或其他矫正措施，维持社会秩序和公共安全，伸张正义，预防和减少犯罪，并对犯罪人进行刑事处罚、教育和改造。

其一，执法机关如警察负责调查犯罪、逮捕嫌疑人并维持公共秩序，确保法律得到遵守。这包括巡逻社区、进行刑事调查、逮捕嫌疑人及收集证据以支持检察官起诉等。

其二，司法机关主要是法院。法院负责公平解释和适用法律。法官、检察官、辩护律师和陪审员共同参与决定被告人的罪行是否成立的过程。法院确保证据法、程序法、实体法得到遵守，使被告人获得公平审判。

其三，惩戒系统管理被判有罪的服刑人员，负责执行有罪判决，包括监禁、缓刑和假释、改造矫正和康复治疗计划。惩戒的目的不仅是惩罚罪犯，还通过改造使其重新融入社会。惩戒系统还包括定罪前剥夺自由的场所，以防卫社会、保障诉讼。

其四，控方与辩方。检察机关在大部分国家是行政机关，在少部分国家是司法机关，负责审查执法部门取得的证据并决定是否起诉。检察官代表控方提起诉讼并在法庭上举证证明被告人有罪。辩护律师帮助被告人对抗控方，旨在通过平等武装保护被告人的权利并确保公平审判。

刑事司法系统涉及多元主体，有多重目标。主要目标包括以下五点。其一，威慑。通过惩罚当前的犯罪人，使其与知情者、旁观者因畏惧犯罪的法律后果而守法，从而预防未来的犯罪。其二，报复。通过对犯罪行为进行惩罚，使犯罪人为其行为付出代价。其三，改造。使罪犯在服刑后能够成为守法公民。其四，隔离。将犯罪人从社会上转移到监禁场所予以封闭管理，以保护公众免受进一步的伤害。其五，恢复。通过恢复性司法实践，修复犯罪对被害人和社会造成的损害，修复犯罪人的社会关系。

刑事司法需要回应多重挑战。其一，如何避免种族和社会偏见，确保所有人都能在司法系统中得到公平对待，不论种族、民族或社会经济地位。但是据2017年美国量刑委员会关于毒品案量刑的报告显示，非裔比任何其他种族更有可能根据强制性最低刑被量刑，虽然吸毒率相同，非裔和西班牙裔却在联邦最常见的强制性最低刑即毒品相关犯罪中占据了大多数。❶ 其二，如何避免大规模监禁，包括审前剥夺自由。在美国，非暴力犯罪也可能面临长期监禁。其三，如何确保警察等调查人员被问责，在确保执法机构维护公共安全的同时，将警察执法行为约束在法律范围内。其四，如何确保矫正改造的有效性，提高改造矫治计划的成功率，这意味着减少累犯比例，消除有前科的人再次犯罪的倾向，以及重新融入社会。

刑事司法是通过发现、起诉和惩罚犯罪行为来维护社会秩序

---

❶ United States Sentencing Commission, An Overview of Mandatory Minimums in the Federal Criminal Justice System, 2017.

的系统，旨在保护自由、秩序、安全，并在所有相关人员之间维持公平正义。简言之，刑事司法涵盖处理犯罪的整个系统。刑事诉讼程序则专注于该系统内的规则和程序，以确保充分保障权利、伸张正义。

三、刑事程序和刑事司法的紧张关系

刑事诉讼法作为刑事程序法，与刑事司法之间存在着一种复杂而紧张的关系。刑事诉讼法一般要为警察、检察官和法官的行为设定界限。这些界限的存在是为了保护被告人的权利并确保公平审判。刑事诉讼法通过一些程序性保障措施来保护被告人的权利。这种对程序的关注，有时会与有效控制犯罪的目标相冲突。

刑事程序的目标并不仅仅在于对权利的保护和对公权力的约束，它还影响着整体的刑事司法系统，包括犯罪定义、资源分配及司法政策的制定。立法机关等控制着犯罪定义的限缩或扩张，刑事诉讼之外的其他部门左右着司法资源分配等其他重要方面。这使刑事程序法与刑事司法的实际运作之间的关系充满张力。这种关系的重点在于刑事程序规则与刑事司法制度的其他部分相互作用，从而对整个刑事司法系统的公平与效率产生影响。

第二节 以权利和救济为核心的刑事程序法

关于刑事程序法的研究将其视为一个有独立知识结构的独立学科。

一、刑事程序法的发展背景

刑事程序法的发展深深根植于权力滥用历史的教训。

大陆法系刑事程序法的发展来自对刑讯逼供的反思。中世纪欧洲的定罪证明标准是两个目击证人才是案件完整证明,但双目击证人在大部分案件中难以找到。为了定罪,刑讯逼供成为潜规则,甚至在欧洲大陆作为证据法的附属品发展起来。在当时,刑讯逼供完全不是不当行为;相反,实施刑讯是一种合法的、例行的、受司法监督的常规做法。法律将刑讯范围限制在认为被告人极有可能有罪的案件中,要么有一名目击证人,要么有足够严重的间接证据,才允许对嫌疑人实施刑讯;还为刑讯提供了其他保障,如供词中有只有真凶才知道的犯罪细节。刑讯逼供可能会反复多次进行,直到不认罪的人开口供述,直到翻供的人想明白只有在一切场合痛快认罪才有可能免于刑讯。因此刑讯考验的是人对痛苦的忍受力,而不是供述的真实性。[1]

刑讯逼供制度化是对举证制度的根本性改革,在很大程度上消解了法庭审判的功能。一旦有合理根据认定被告人有罪,被告人就必须承认自己有罪,而不是让起诉方来承担证明责任。惊人的是,刑讯在欧洲历经数百年而不衰,并不是因为它的缺陷不为人所知,而是因为刑讯的恶如此昭彰,靠它总能使被告人认罪、取得供述并达成当时的证明标准,对其定罪。这一时期,为了指导预审法官确定是否存在实施刑讯的合理根据,关于刑讯判例的大量

---

[1] John H. Langbein, Torture and Plea Bargaining, 46 *The University of Chicago Law Review* 3–22 (1978).

法律论文被汇编成册，编纂了大量有关刑讯法理的法律论著。❶

18世纪的欧洲启蒙思想运动批判刑讯逼供，主张无罪推定和罪刑法定，保障人的基本权利和自由。1791年法国制宪会议率先将无罪推定写入宪法。大陆法系国家发展起来以无罪推定为基础的刑事诉讼程序。在经审判定罪前，如非必要且成比例，否则不得限制或剥夺人的自由等权利。在法庭上，由检方承担举证责任，法官根据庭审中的指控证据和控辩质证辩论达成的内心确信作为定罪的证明标准。

在英美法历史上，英国的星室法庭（Star Chamber，又称星座法庭）在16世纪末和17世纪初蓬勃发展，兼具行政和司法性质。"星室法庭几个世纪以来一直是对基本个人权利漠视的象征。星室法庭不仅允许，而且要求被告人聘请律师。被告人对起诉书的答辩状除非由律师签字，否则法庭不予接受。当律师拒绝签署答辩状时，无论出于何种原因，被告人都将被视为已经认罪。"❷

1632年对星室法庭审判被告人威廉·普林的描述表明，"他的审判与其他星室法庭的诉讼程序一样，非常体面和平静，但判决只能用可怕来形容。他被判处吊销律师资格和大学学位；两次站在颈手枷上，每次割掉一只耳朵；罚款5000英镑；并终身监禁，没有书籍、笔、墨水或纸张"；"五年后，即1637年，威廉·普林、巴斯特维克和伯顿因诽谤罪受审，巴斯特维克和伯顿被判处与威廉·普林1632年相同的惩罚，这次对普林的惩罚是在脸颊上烙上烙印，而不是割耳朵"。❸

---

❶ John H. Langbein, Torture and Plea Bargaining, 46 *The University of Chicago Law Review* 3-22（1978）.

❷ Faretta v. California, 422 U.S. 806, 822（1975）.

❸ James Fitzjames Stephen, A History of the Criminal Law of England, Cambridge University Press, 1883, pp.340-341. c.f. Faretta v. California, 422 U.S. 806, fn.18（1975）.

对此，有英国法学家评论："我认为，本案的程序与判决一样严苛，但我认为这点没有引起太多关注。……星室法庭的被告人不仅被允许聘请律师，而且还被要求让律师签署他们的答辩状。这条规则的效果也可能是它的目的在于，除非律师承担签署的责任——当时，这种责任是极其严重的，否则任何辩护都不能提交给法庭。如果律师不签署被告人的答辩状，则认为被告人已经承认了指控。威廉·普林的答辩状如此严重，以至于指派给他的一名律师拒绝签署，而另一名律师直到规定的时间过期之后才签署。巴斯特维克找不到任何律师签署他的答辩状。伯顿的答辩状由律师签署，但因被认为无礼而被驳回。总的来说，三人都被认为已认罪，并据此对他们作出判决。"❶

英美法较早的刑事程序保护措施可以追溯到英国 1215 年大宪章要求同侪审判❷，1679 年人身保护令法规定可将剥夺人身自由诉诸司法审查，1765 年恩蒂克案要求逮捕搜查扣押需获得合法授权❸，1836 年审判法确认律师辩护权，1935 年吴明顿案确立了控方负有排除合理怀疑的证明被告有罪的举证责任，即无罪推定和控方证明责任❹，1964 年康纳利案确认了同一犯罪行为不能重复审判，禁止双重危险❺。英国早期的程序保护措施逐步演变成现代刑事程序体系并被美国继受，体现为《美国宪法第四修正案》搜查与扣押令状，《美国宪法第五修正案》不被强迫自证其罪、禁止双重危险，《美国宪法第六修正案》律师帮助辩护及迅速、公

---

❶ James Fitzjames Stephen, A History of the Criminal Law of England, Cambridge University Press, 1883, pp. 340-341. c. f. Faretta v. California, 422 U. S. 806, fn. 18 (1975).

❷ Magna Carta 1215.

❸ Entick v Carrington [1765] EWHC KB J98.

❹ Woolmington v DPP [1935] AC 462.

❺ Connelly v DPP [1964] AC 1254.

开和公正的陪审团审判,《美国宪法第五修正案》和《美国宪法第十四修正案》法律的正当程序等。

虽然这些程序性权利写入法律看似十分稳固,但刑事司法体系面临资源限制和多方面的现实压力,使得程序性保障的实现常常不尽如人意。资源的紧缺不仅影响检方和警方,也同样影响到辩护律师和法院,使得刑事司法体系在不同的领域表现出显著的不平衡。在大多数案件中,侦查机关和检察机关遵守诉讼规则侦诉犯罪。当违反规则时,且当这种行为与刑事定罪相关时,法院会通过变更原判、撤销定罪,向警检机关明确其违规行为的法律后果。在这个框架内,有大量关于具体理论或宪法来源的研究,这些研究的争论主要是诉讼规则所规定的被告人权利的具体化及其被侵犯后的救济措施,如撤销定罪来促使侦查机关、检察机关执法和法官司法时守法是否适当。

二、刑事程序法的目的与挑战

刑事程序法的目的不仅是确保公正的实现,同时也是对追诉权力的约束。为了实现上述目标,程序法必须设置一定的规则来规范警察、检察官及法官的行为。程序规则必须确保在被告人权利与有效执法之间找到平衡,特别是在犯罪定义不断扩展、执法资源日趋紧张的背景下,需要认识、处理和平衡好这些复杂的关系。

其一,程序与结果的关系。刑事程序法目的在于约束警察与检察官的行为,以防止其滥用职权损害被告人的权利,旨在确保被告人获得公平的审判,包括无罪推定、辩护权、公开审判权等权利。这些程序性保障往往导致案件审理复杂化、耗时长久,有时甚至无法及时有效地对犯罪行为进行打击。但如果程序保障不足，就容易导致冤假错案，使司法失去公信力。

其二，程序保障与资源分配的关系。刑事程序法要求复杂的审查机制，严格限制执法机关收集和使用证据的过程。这样的程序设计旨在防止警察或检察机关滥用职权，也同时增加了案件处理的复杂性和成本。但若无程序保障，个人的自由和法人的财产可能被随意剥夺，社会财富和资源将会逐渐枯竭。程序保障是确保社会财富长期可持续增长的法治机制，需要平衡程序保障和资源分配的关系。

其三，刑事实体法扩张与刑事程序及资源分配的关系。当既有的非犯罪化治理手段可能低效、失效或者已不能满足治安需求时，立法机关就可能会将新的行为列为犯罪，通过修改刑法、扩大犯罪定义，刑法得到了扩张。犯罪定义在一定程度上决定了起诉哪些案件，起诉多少案件，设立多少警察、检察官和法官职位并提供保障，建设多少监狱等关押设施，决定了案件数量与检察官、法官之间的比例，反过来案件数量又影响了检察官、法官如何处理案件。

刑法扩张、犯罪定义扩大与刑事程序之间关系复杂。一方面，如果犯罪定义扩张，案件数量会增多，犯罪数量增加会给刑事司法系统带来巨大的压力。因为程序法的严格要求使得案件处理的时间和对资源的需求不断增加，但资源的调整一般跟不上犯罪定义扩大使案件数量增长的速度。这导致辩护律师、警察、检察官和法官在面对日益增加的案件数量时疲于应对，由于受到资源的限制，如果程序法所保障的被告人权利在实践中得不到充分实现，可能使刑事司法系统失去稳定与平衡。另一方面，从域外现实可知，当犯罪定义扩张导致案件数量暴增，刑事司法系统可能以尽可能简单的程序处理尽可能多的案件，也可能使大量本应办理的案件根本无法获得适当的处理。这些案件或者没有进入刑事诉讼，或者在诉讼过程中由于人手不足无法取得充分证据而被撤销了。出于以上但不限于以上原因，可能会使得刑法罪名越多，犯罪圈越大，已经犯有罪行但不受追诉的人越多，刑法的实施效果可能就越不好。这主要是因为司法资源等法外因素决定了执法司法机关难以完全实施刑法，从而使刑法的权威性和尊严受到挑战，甚至使刑事实体法在刑事司法系统中的重要性下降了。

从域外现实来看，犯罪定义的扩张导致案件数量的增加，可能使更多人卷入刑事诉讼程序，辩护资源的不平衡也可能会更加凸显出来。刑事案件处置方案所涉及的自由和生命带有人身性质，有很强的财富效应。亿万身家的被告人聘请资深律师追求胜诉，占据最多辩护和公诉资源；中产阶级倾家荡产举债诉讼受到经济能力的限制；穷人则只能找到经验不足的新手律师或者积案沉重、时间精力受限的公设辩护律师。缺乏辩护资源的被告人没有能力与控方展开有意义的激烈对抗，客观上也不需要公诉方投入更多资源。这种差异进一步加剧了刑事司法系统中资源分配的不平衡问题，需要投入更多资源。

三、刑事程序与信任危机

程序法的存在旨在保证被告人受到公正审判，防止冤假错案的发生。刑事诉讼法并非仅仅是对警察和检察官的限制，它也是维护社会整体正义的重要手段。从域外现实来看，公众对刑事程序法的认知在很大程度上影响着刑事司法系统的合法性。

一方面，公众可能会被误导，误解刑事诉讼法的目的和功能，尤其是当媒体进行选择性报道时。有些媒体报道倾向于强调因程序问题、证据排除等导致被告人被无罪释放，甚至暗示被告人是真凶，使公众可能会将程序法视为犯罪人的保护伞。这种报道完全不顾及无罪推定，完全忽视程序法在防止滥权、保护无辜者方面的重要作用，引导公众对刑事程序的期待以定罪为目标，进而产生对刑事程序法的不信任，对整个刑事司法系统的合法性产生质疑。

另一方面，公众的反馈影响刑事程序发展。刑事诉讼法涵盖了权利保障的重要领域，但其他重要诉讼环节受到资源分配的影响，难以通过刑事诉讼法进行有效规制，这些通常由立法机关或其他部门来解决，导致刑事诉讼法难以及时充分应对系统性问题。执法机构在面对新型犯罪或突发社会危机时更具有灵活性，而立法和司法机关对程序规则的调整却需要较长的时间。例如，现行的刑事程序规则仍主要基于传统犯罪的模式，面对网络犯罪的挑战难以有效应对。又如，当经济社会条件变迁引发犯罪率飙升，如 2020 年新冠疫情造成的犯罪暴增导致治安恶化，容易被媒体及公众归因于犯罪控制不力及刑事程序冗长软弱。[1] 当公众从自身安全感出发要求加强对犯罪的打击和控制时，可能会使资源更多的投入对犯罪的追诉和刑罚。

从域外的现实来看，刑事程序规则的制定和发展往往存在滞后性，立法或修法的过程相对缓慢，制定新判例也需要恰当的时机，有时难以及时适应犯罪形态和社会现实的迅速变化。这种滞后性不仅会限制程序法本身的适用，也会在一定程度上削弱刑事司法系统的整体效能。

---

[1] Nelson LJ, Queally J, Sosa A, San Francisco Voters Recall Progressive D. A. Boudin, LA Times, June 7, 2022.

第三节　平衡多种目标的刑事司法

刑事司法面对越来越多需要平衡的目标，如效率与公正、控制犯罪与人权保障、数字化世界中的人权和信息权等。

一、刑事司法资源分配

刑事司法系统中的关键要素包括刑事实体法中犯罪的定义和刑事程序法中公诉辩护资源的分配等。刑事司法的大部分成本都是国家支出的。警察、检察官、法官的薪酬及其工作场所，为被告人工作的公设辩护律师，被告人被定罪前的羁押场所、被定罪后的监狱、被剥夺自由后的生活条件等，全部费用由国家支出。

由于立法机关在犯罪定义上的权力，刑事司法的有效性在很大程度上取决于立法机关的政策。美国立法机关还控制着资金和预算，决定聘用的警察、检察官和法官数量及其任职保障和薪酬，并为刑事案件中的辩护律师作出预算提供资金。在大多数案件中，辩护律师都是法院指派的公设辩护律师。

二、刑事司法的跨国影响

刑事司法的发展正呈现日益全球化的趋势。在应对人工智能时代来临、跨国有组织犯罪及网络犯罪等全球性挑战时，各国逐渐对其刑事司法系统进行重新审视，并积极借鉴其他国家的成功经验。这种影响不仅体现在立法层面，也显现在司法实践的改革中。国际刑事司法机构的设立，如欧盟检察官办公室及更早的国际刑事法院，也推动了跨国犯罪的起诉与审判中权利保障的标准化。这一全球趋势既增强了国际刑事司法合作中的互信基础，也为各国国内刑事司法改革带来了新的启示。

在跨国合作的背景下，刑事司法的国际协调与互信尤为关键。各国法律体系在权利保障要求上的差异，可能成为跨国执法和司法协助中的冲突与障碍。例如，欧盟对个人隐私保护提出了严格要求，而美国在涉外证据收集上的要求相对宽松，对隐私的保障水平与欧盟有差距。这种差异要求各国在处理跨国案件时加强程序规则的协调，以避免因权利保障不一致而产生互信互认的障碍，确保跨国合作的有效性与合法性。在此过程中，如何在权利保障与安全之间取得平衡，成为各国必须面对的一个重要挑战。

三、刑事司法系统面临挑战

域外现有的刑事司法系统在保障被追诉人权利的同时，常常因为冗长的程序、高昂的成本、低下的效率或者高效率低效果而受到批评。域外许多学者和法律实务者呼吁对现有系统进行改革，以实现更高效的公正。常见的改革建议包括加强法律职业道德规范建设、简化审前程序、加强律师的职业素养培训，以及利用现代科技来提升刑事司法的透明度和效率。

美国的一些司法辖区开始在轻罪案件中采用电子法庭和视频同步审判。例如，亚利桑那州可以在 6 个月以下自由刑及 2500 美元以下罚金的认罪案件中进行电讯认罪,❶ 以减少诉讼拖延。通过应用这些科技手段,试图缓解法院的案件数量压力并增强司法的公开性和透明度。此外,简化诉讼程序、鼓励控辩协商,也被视为减少诉讼成本、增强程序公正和实现司法资源合理分配的有效措施。

域外这些改革在实施过程中也面临着来自多方的阻力。一方面,法学界对于简化程序是否会损害被告人的权利存在争议;另一方面,传统的司法文化和法庭惯例也使得改革的进展并不顺利。

四、刑事司法的未来发展方向

域外刑事司法试图朝着更加平衡和精细化的方向发展。尤其是在技术迅猛发展的当下,刑事司法必须不断适应新的社会环境和技术背景,以回应现代犯罪的复杂性和多样性。

首先,刑事司法的数字化进程将继续推进。例如,人工智能和大数据的应用为犯罪侦查及案件处理带来了新的机遇,但同时也引发了关于数据隐私和程序公正的新问题,需要在这些新兴技术的应用与权利保障之间建立新的平衡。

其次,刑事司法需要关注被害人的权利。一直以来刑事司法的重心更多地集中在被告人的权利保护,而忽视了被害人在刑事司法过程中的角色。未来的刑事司法可能会在加强被害人的参与权、知情权、表达权等方面作出探索。

最后,刑事司法的发展还需要回应社会对司法公开和责任制的需求。现在探索的庭审直播、开放裁判文书、认罪协议的电子化及查询下载等举措,都可能成为刑事司法未来发展的重要方向。

---

❶ Arizona Rules of Criminal Procedure 17.1 (f).

CHAPTER 02>> 第二章
不同司法区的认罪协商比较

本章以美国联邦及各州为主,结合加拿大、新西兰等国的认罪协商制度与实践进行分析。2012年美国联邦最高法院面对现实指出,美国刑事司法体制"在很大程度上是一个认罪协商体制,而非审判体制"❶。但认罪协商的产生并不是立法或理论的产物,而是法律实践的产物。最初美国联邦或者各州法律并没有规定或禁止认罪协商,在立法上关于认罪协商的规定是在其产生之后的认可与规制,关于认罪协商的相关规定可见于美国联邦法和各州法。在司法上,除美国联邦最高法院是联邦和州法院的共同最高法院之外,美国联邦和各州司法辖区之间相互独立,除要遵守美国联邦最高法院的判例之外,各司法区法院对于认罪协商也作出了适用于本辖区的判例。

---

❶ See Lafler v. Cooper, 566 U.S. _ (2012) (slip op. at 3).

第一节　美国联邦与州法上的认罪协商空间

美国联邦和 50 个州都有限制法官裁量权的强制性最低刑，以及指控犯罪和罪名分级的规定，这些规定给予检察官在认罪协商中巨大的权力空间。在指控方面，检察官可以决定起诉哪些罪名及哪个犯罪级别；在量刑方面，对于涉及强制性最低刑的案件，检察官可以在谈判中以规避强制性最低刑作为讨价还价的筹码。

一、《美国法典》关于法官考虑的量刑要素

《美国法典》第 18 编第 3553 条是关于法官在量刑时必须考虑的因素："（a）在量刑时应考虑的因素。——法院应当作出一个足够但不过度的判决，以实现本款第（2）项所规定的目的。法院在决定应作出的具体量刑时，应当考虑以下因素：（1）犯罪的性质和情节，以及被告人的历史和特征；（2）所作量刑的必要性：（A）反映犯罪的严重性，促进对法律的尊重，并对犯罪进行公正的惩罚；（B）对犯罪行为进行充分威慑；（C）保护公众免受被告人进一步犯罪的危害；以及（D）以最有效的方式为被告人提供所需的教育或职业培训、医疗护理或其他矫正处置；（3）可用的量刑种类；（4）联邦量刑委员会发布的量刑指南的量刑种类及量刑范围；（5）联邦量刑委员会发布的任何相关的政策声明；（6）在有类似记录并因类似行为被判有罪的被告人之间，避免不合理的量

刑差异的必要性；以及（7）向被害人进行赔偿的必要性。"❶

关于如何确定刑罚种类和刑罚范围，该条援引了联邦量刑委员会制定的《美国联邦量刑指南》。

其一，法院在量刑时应适用联邦量刑委员会制定的《美国联邦量刑指南》，应在该量刑指南所述的刑罚种类和量刑范围内量刑。当法院发现存在量刑委员会在制定联邦量刑指南时未充分考虑的加重或减轻情节时，法院有量刑的裁量权。法院在判断量刑委员会是否已充分考虑某种情节时，应仅考虑量刑指南、政策声明和联邦量刑委员会的官方评论。❷

其二，法院在没有可适用的量刑指南的案件中，有量刑裁量权，应施加适当的刑罚，同时顾及量刑目的。在针对轻罪以外的犯罪案件没有可适用的量刑指南时，法院还应考虑所施加刑罚与量刑指南对类似犯罪的刑罚之间的关系，以及量刑委员会的政策声明。❸

其三，当法律规定了强制性最低刑罚时，法官量刑的裁量权受到限制，仅在检察官提出申请的案件中才能作出低于强制性最低刑的量刑判决。"（e）作出低于法定最低刑罚判决的有限权力。——根据控方的申请，法院有权作出低于法律规定的最低刑罚的量刑，以反映被告人在调查或起诉另一犯罪人过程中所提供的实质性协助（或称重大帮助、实质性帮助，Substantial Assistance）。此类判决应按照《美国法典》第28编第994条规定的量刑委员会发布的量刑指南和政策声明作出。"❹

其四，法院作出量刑时说明理由。法院在量刑时，应当在公

---

❶ 18 U.S.C. § 3553 (a).
❷❸ 18 U.S.C. § 3553.
❹ 18 U.S.C. § 3553 (e).

开的庭审中说明其作出具体量刑的理由，除非法律另有规定。❶

二、《美国联邦量刑指南》中受检察官影响的量刑因素

《美国联邦量刑指南》§5K1.1 是联邦量刑指南的一部分，旨在对为控方在犯罪调查或起诉中提供实质性协助的被告人，给予其低于量刑指南的刑罚，即减轻量刑。

§5K1.1 规定的对提供实质性协助的被告人的减轻量刑是指如果被告人在控方调查或起诉他人犯罪过程中提供了实质性协助，法院可以在控方提出申请的情况下，判处低于量刑指南规定的刑罚。在决定减轻量刑的程度时，法院应考虑以下因素。其一，协助的性质和情况。被告人所提供的帮助或信息的真实性和可靠性。其二，协助的重要性。被告人的帮助在调查或起诉中的意义和效果。其三，协助的结果。被告人的帮助是否导致了起诉或判决，或有助于其他执法工作。其四，被告人所面临的风险。被告人由于提供帮助而面临的任何人身或其他风险。其五，其他相关因素，包括法院认为适合考虑的其他因素，以决定适当的减轻量刑程度。

第 K 部分——减轻量刑

1. 实质性协助控方

§5K1.1. 实质性协助控方（政策声明）

§5K1.1 根据控方的申请，说明被告人在调查或起诉另一犯罪人方面提供了实质性协助，法院可以低于量刑指南的规定予以减轻量刑。

---

❶ 18 U.S.C. § 3553（c）.

(a) 适当的减轻幅度应由法院基于其陈述的理由决定,这些理由可以包括但不限于以下考虑因素:(1) 法院对被告人协助的意义和用途的评估,并考虑控方对所提供协助的评价;(2) 被告人提供的信息或证词的真实性、完整性和可靠性;(3) 被告人协助的性质和范围;(4) 被告人或其家人在协助过程中受到的任何伤害,或因此面临的任何伤害危险或风险;(5) 被告人协助的及时性。

评论

1. 低于法定最低刑罚的判决

根据《美国法典》第 18 编第 3553 条 (e) 和第 28 编第 994 条 (n) 的规定,在调查或起诉另一犯罪人的过程中提供的实质性协助,可作为量刑低于法定最低刑罚的理由。

2. 与认罪承担责任减轻量刑的关系

因协助控方而减轻量刑的考虑应独立于因认罪承担刑事责任而减轻量刑的考虑。实质性协助是针对其他犯罪人的调查和起诉,而承担责任是针对被告人对其自身行为的积极认责。

3. 控方对被告人协助程度的评估

法院应特别重视控方对被告人协助程度的评估,尤其是在协助的程度和价值难以确定的情况下。

背景说明

被告人协助控方调查犯罪活动已被实践和法律认可作为量刑中的减轻因素。协助的性质、范围和重要性可能涉及广泛的行为,必须由法院根据个案进行评估。因此,量刑法官在基于相关变量(包括上述因素)减轻量刑时享有一定自由裁量权。然而,量刑法官必须说明根据本条减轻量刑的理由。为保护被告人的安全或避免正在进行的调查被公开,法院可以选择私下以密封形式向被

告人提供书面理由。❶

三、《美国联邦量刑指南》与《美国法典》之间的互动关系创造量刑协商空间

《美国法典》和《美国联邦量刑指南》本身均不直接赋予检察官量刑权力，也没有单独条款明确阐述检察官的权力，但《美国法典》第 18 编第 3553 条（e）和《美国联邦量刑指南》§5K1.1 均涉及减轻量刑的情况，说明检察官可以通过提出申请让法官在量刑指南规定的刑罚之下对被告人量刑。这两条与强制性最低刑和减轻量刑申请密切相关，共同使检察官在认罪协商中具有较大的权力和谈判筹码。

强制性最低刑期与联邦量刑指南之间的关系使检察官在认罪协商中处于优势地位。虽然量刑指南是指导性的而非强制性的，但强制性最低刑在联邦法规中是不可规避的强制性规定，法官必须遵守，无法在最低刑之下作出量刑决定。因此，检察官不仅可以通过认罪协商提出实质性协助来规避强制性最低刑，而且检察官在选择起诉罪名时，可以选择起诉涉及强制性最低刑的罪名，从而在认罪协商中取得优势地位。

四、联邦法与州法上的指控协商空间

州法也有与联邦法相似的刑法及量刑指南，也有与前文联邦法上类似的量刑协商空间。此外，联邦刑法和州的刑法也会给予

---

❶ Federal Sentencing Guideline §5K1.1.

检察官较大的协商空间。以纽约州为例,纽约州刑法区分轻重罪名和罪名分级。例如,根据《纽约州刑法》第 220 条,管制物质犯罪中的持有罪分为六级,其中一级是 A-I 类重罪,二级是 A-II 类重罪,三级是 B 类重罪,四级是 C 类重罪,五级是 D 类重罪,七级是 A 类轻罪。❶ 其他罪名也有类似分级。这些规定给了检察官降级指控的协商空间。

例如,《纽约州刑事诉讼法》第 220.10 条规定了被告人可以对轻一些的罪名认罪、对部分罪名认罪等。

§220.10 答辩;答辩的种类

只能提出本条规定的以下几种答辩:

1. 被告人有权对起诉书提出"无罪"答辩。

2. 除第 5 款另有规定外,被告人有权对整个起诉书提出"有罪"答辩。

3. 除第 5 款另有规定外,如果起诉仅指控一种罪行,被告人在获得法院许可并得到控方同意的情况下,可以对包含的较轻罪名提出"有罪"答辩。

4. 除第 5 款另有规定外,如果起诉书指控两项或更多罪行分别列于不同的指控中,被告人在获得法院许可并得到控方同意的情况下,可以提出以下认罪:

(a) 对部分但不是全部指控罪行提出"有罪"答辩;

(b) 对部分或全部指控罪行中包含的较轻罪名提出"有罪"答辩;

(c) 对部分指控罪行和包含于其他指控罪行中的较轻罪名组

---

❶ New York Penal Code § 220.00; 220.03; 220.06; 220.09; 220.16; 220.18; 220.21.

合提出"有罪"答辩。❶

可见，仅就指控罪名和罪行而言，纽约州的检察官依据刑法和刑事诉讼法有作出妥协和让步的空间，成为检察官在认罪协商中进行协商谈判的优势和筹码。

第二节 认罪协商的一般政策

根据《美国宪法第十修正案》的权力保留条款，美国联邦和各州的认罪协商政策并不统一，也并不追求统一。但大部分州的大部分规定与联邦认罪协商政策很相似。有的州对其中的某项内容予以强调，或者作出了有本州特色的不同规定。

一、允许认罪协商

美国联邦和 50 个州都允许认罪协商。

（一）控辩双方的指控协商和量刑协商

一般而言，检察官可以和被告人的辩护律师或和放弃律师辩护权而自行辩护的被告人，就刑事案件起诉的罪名、量刑进行协商，这当然会涉及对案件事实基础的协商，以及起诉罪名的多少及轻重、刑种、刑期、撤诉、缓诉、假释等案件处置，甚至可能涉及对其他人案件的处置，但案卷及证据材料须保持完整。被害

---

❶ New York Criminal Procedure Law § 220.10 (2023).

人在辩诉谈判中一般没有参与权。法官一般不参与、不介入协商谈判的过程。例如,《美国联邦刑事诉讼规则》11（c）："认罪协议程序。(1) 一般规定。检察官与辩护律师或与拒绝律师辩护的被告人,可以讨论并达成认罪协议。法官不得参与这些讨论。"❶

（二）被告人认罪协商的四种答辩类型

被告人认罪协商的答辩类型一般包括四种,即被告人可选择认罪、不辩解（nolo contendere）、有条件的认罪、阿尔福德（Alford）答辩。不辩解答辩又称不认罪又不辩解答辩,须经法院同意,法院对不辩解的被告人仍可定罪量刑,但不辩解答辩在后续的诉讼中不得作为证据。有条件的认罪保留审前问题的上诉权,上诉若成功则撤回认罪。

阿尔福德答辩是被告人不承认自己有犯罪事实,但认为检察官有充分的起诉证据足以定罪,认罪符合自己的利益。"联邦法院可以在接受不认罪的答辩后判处监禁。这实际上承认了宪法不禁止对不愿承认有罪但愿意放弃审判并接受刑罚的被告人判处监禁。""被告人可以自愿、知情且理智地同意被判监禁,即使他不愿承认参与犯罪,甚至在答辩中声明无罪。当被告人在本案中明智地得出认罪符合自身利益的结论,且案件记录明确表明其罪行时,即可。"❷ 此外,马萨诸塞州有承认事实充分性答辩,《马萨诸塞州刑事诉讼规则》12（a）(2) 规定,"承认事实充分性。在地方法院中,被告人在提出'不认罪'答辩后,可以承认存在足

---

❶ Federal Rules of Criminal Procedure 11.
❷ North Carolina v. Alford, 400 U. S. 25 (1970).

以支持有罪裁决的事实。"❶

(三) 法庭对认罪的审查、记录及其公开

美国司法部《联邦检察官手册》规定,"9-27.450 认罪协议的记录。所有针对重罪的认罪协议,或从重罪协商转为轻罪的认罪协议,都必须以书面形式记录并提交法院"❷。认罪协议的书面化有助于法院对认罪协议的审查监督。

认罪协议达成后,被告人在公开的法庭上认罪。认罪的自愿性是认罪协商合宪性、合法性的基础。法官会当庭与被告人谈话、问答,确认认罪的自愿性,确保被告人理解认罪的法律后果,被告人理解放弃了哪些权利,被告人的认罪有事实基础等。例如,《联邦刑事诉讼规则》11(b):

考虑并接受认罪或不辩解答辩。(1)提醒并询问被告人。在法官接受认罪或不辩解答辩之前,可以让被告人宣誓,法官必须在公开法庭上亲自与被告人对话。在此过程中,法官必须告知并确认被告人理解以下内容:

(A)在伪证或虚假陈述起诉中,检察官有权使用被告人宣誓下的任何陈述作为证据;(B)有权不认罪,或若已答辩为不认罪,可坚持这一答辩;(C)有权要求陪审团审判;(D)有权由辩护律师辩护——如有需要,可要求法官指定辩护律师——在审判及诉讼的每一阶段中提供辩护;(E)在审判中,有权质疑并交叉询问对方证人,避免被迫自证其罪,有权作证和提供证据,并强制证人出庭作证;(F)如果法官接受认罪或不辩解答辩,被告人将放弃这些审判权利;(G)被告人认罪的每项指控的性质;

---

❶ Massachusetts Rules of Criminal Procedure 12.
❷ JM 9-27.450.

(H) 任何可能的最高刑罚，包括监禁、罚款及假释的期限；(I) 任何强制性的最低刑罚；(J) 任何适用的没收；(K) 法官命令赔偿的权力；(L) 法官判处特别罚金的义务❶；(M) 在量刑时，法官必须计算适用的量刑指南范围，并考虑该范围、《联邦量刑指南》下可能的偏离，以及《美国法典》第 18 编第 3553 (a) 条规定的其他量刑因素；(N) 认罪协议中任何放弃上诉权或另行起诉（笔者注：人身保护令等独立程序）的条款；以及 (O) 如果被定罪，被告人如非美国公民，可能会被驱逐出美国、被拒绝入籍获得公民身份，以及将来被拒绝入境美国。

（2）确保认罪是自愿的。在接受认罪或不辩解答辩之前，法官必须在公开法庭上亲自与被告人对话，并确认认罪是自愿的，并非因胁迫、威胁或承诺（认罪协议中的承诺除外）所致。❷

（3）确定认罪的事实基础。在对认罪进行判决前，法官必须确认该认罪具有事实基础。❸

为了帮助法官确认事实基础，《马萨诸塞州刑事诉讼规则》要求检察官当庭陈述事实基础，见《马萨诸塞州刑事诉讼规则》："12 (c)（3）(B) 指控事实基础。检察官须陈述指控的事实基础"。❹

认罪协议条款的公开和记录是公平交易、程序透明及自愿性的保障。例如，《联邦刑事诉讼规则》："11 (c)（2）认罪协议的披露。在被告人提出认罪时，双方必须在公开法庭上披露认罪协

---

❶ 笔者注：根据《美国法典》第18编第3013条，法官必须对所有被定罪的被告人或单位判处用于被害人基金会的特别罚金，数额根据轻重罪从5美元至个人最高100美元、单位最高400美元。

❷ 法官需确认被告人认罪是自愿的，并非因检察官或者其他任何官方的胁迫、威胁或承诺（认罪协议中的承诺除外）所致。

❸ Federal Rules of Criminal Procedure 11.

❹ Massachusetts Rules of Criminal Procedure 12.

议,除非法官因正当理由允许双方在非公开情况下披露。"对于被告人的认罪,法庭应有书面记录。"11(g)记录诉讼程序。被告人认罪的诉讼程序必须由法院记录员或适当的录音设备记录。如果存在认罪或不辩解答辩,记录必须包括根据规则11(b)和(c)向被告人提出的询问和建议。"❶

认罪协商的内容在法庭上公开并记录在案,防止后续争议。除非案件封存或者其他法定例外,否则经法官接受的认罪协议属公共文件,可供公众查询。

(四)被告人撤回认罪

被告人当庭认罪的陈述、行为及提交法庭的认罪协议,在法官宣判之前符合一定条件时可以撤回。例如,《联邦刑事诉讼规则》11(d):"撤回认罪或不辩解答辩。被告人可以在以下情况下撤回认罪或不辩解答辩:(1)在法官接受认罪前,出于任何原因或无理由;或(2)在法官接受认罪后,但在宣判前,满足以下条件之一:(A)法官根据规则11(c)(5)拒绝认罪协议;或(B)被告人可以证明要求撤回认罪有公平和正当理由。(e)认罪或不辩解答辩的终局性。法官宣判后,被告人不得撤回认罪或不辩解答辩,并且认罪只能通过直接上诉或另行起诉❷撤销。"❸

如果法官拒绝接受认罪协议,联邦和大多数州也赋予被告人撤回认罪的权利,从而恢复陪审团审判或者法官法庭的审判。例如,《联邦刑事诉讼》11(c):"(5)拒绝认罪协议。如果法官拒绝包含规则11(c)(1)(A)或(C)规定条款的认罪协议,法官

---

❶ Federal Rules of Criminal Procedure 11(c)(2), 11(g).
❷ 笔者注:人身保护令等独立程序。
❸ Federal Rules of Criminal Procedure 11(d).

必须在记录中并在公开法庭上（或因正当理由，在非公开情况下）采取以下行动：（A）告知各方法官拒绝了认罪协议；（B）亲自告知被告人法官不需要遵循认罪协议，并给予被告人撤回认罪的机会；以及（C）亲自告知被告人，如果未撤回认罪，法官可能会以比认罪协议预期更不利于被告人的方式处理案件。"❶

（五）认罪言行文件等的证据排除与禁止使用

如果认罪协商失败，则意味着或者控辩双方没有达成协议，或者被告人撤回认罪，那么被告人为了进行认罪协商而作出的言行文件等，不得作为不利于被告人的证据在诉讼中使用。

例如，《美国联邦刑事诉讼规则》11（f）："认罪、认罪讨论及相关陈述的可采性或不可采性。认罪、认罪讨论及任何相关陈述的可采性或不可采性受联邦证据规则第410条的约束。"❷

《美国联邦证据规则》第410条规定的是关于认罪的排除规则及其例外："（a）禁止使用。在民事或刑事案件中，下列证据不得作为对提出认罪或参与认罪讨论的被告人的不利证据：（1）被撤回的认罪；（2）不辩解的答辩；（3）根据《联邦刑事诉讼规则》第11条或类似的州程序，在这些认罪的相关程序中所作的陈述；（4）在与检察官进行认罪讨论期间所作的陈述，如果讨论未达成认罪协议或认罪被撤回。（b）例外情况。法官可以允许根据该规则第410（a）条（3）或（4）描述的陈述在以下情况下作为证据：（1）在同一认罪或认罪讨论中所作的另一陈述已被引入的任何程序中，如果公平起见，这些陈述应当被一并考虑；（2）在刑事伪证或虚假陈述的诉讼中，如果被告人在宣誓、记录在案并

---

❶ Federal Rules of Criminal Procedure 11（c）（5）.
❷ Federal Rules of Criminal Procedure 11.

有律师在场的情况下作出该陈述。"❶

对于没有达成协议或者认罪被撤回的相关程序中所作的陈述,禁止在后续诉讼中使用,美国各州、加拿大、新西兰等司法辖区相关立法中均有相似规定。

(六) 法官的回避与更换

对于拒绝认罪协议的法官,其可能对案件产生预见,可能对后续审判程序的公正构成危险,因此予以回避是确保刑事司法公正的可行方案。例如,2017年最新修订的《弗吉尼亚州最高法院规则》3A:8 (5) 规定:"在拒绝认罪协议后,法官必须立即自行回避,不得继续参与同一案件的任何进一步程序,除非双方另有协议。"❷

对于被告人撤回认罪的,如果被告人申请,也可更换法官一次。例如,《亚利桑那州刑事诉讼规则》17.4:"(g) 如果答辩被撤回的法官更换。如果被告人在提交量刑前报告后撤回答辩,且被告人尚未行使更换法官的权利,则根据规则10.2❸,被告人有权更换法官。"❹

二、限制检察官与被告人直接协商

在美国,被告人参与认罪协商的方式主要是通过辩护律师参与协商,检察官不得与有律师的被告人直接协商。对于放弃律师

---

❶ Federal Rules of Evidence 410.
❷ Virginia Supreme Court Rule 3A:8 (5).
❸ 笔者注:每一方有权无须说明理由更换一次法官。
❹ Arizona Rules of Criminal Procedure 17.4 (g).

辩护帮助权的自行辩护被告人，检察官须谨慎。

（一）检察官不得与有律师的被告人直接协商

检察官不得与有律师的被告人直接协商或者直接沟通谈话，这是法律职业道德和被告人宪法权利决定的。被告人有律师辩护权、不自证其罪特权等宪法权利，旨在对被告人进行平等武装对抗刑事指控，如果检察官知道被告人有律师或者被告人提出由律师辩护的要求，检察官就必须终止与被告人单独沟通。这同样适用于警方与嫌疑人的谈话，根据1966年确立的米兰达规则，警方必须告知嫌疑人有律师权，一旦嫌疑人提出要律师，警方与嫌疑人的单独沟通就必须终止。

检察官不能与有律师的被告人单方直接沟通。美国律师协会职业道德示范规则被联邦和多个州采纳，检察官作为代表控方利益的律师受其规范。《美国律师协会职业行为示范规则》："4.2：与由律师代理的当事人沟通。与客户以外的人的交流：在代表客户时，律师不得就代理事项与其知道已由另一律师代理的人进行沟通，除非该律师已获得另一律师的同意，或者法律或法院命令授权其进行沟通。"❶ 美国律师协会对《美国律师协会职业行为示范规则》4.2的官方评论指出："[1]本规则通过保护在某一事务中选择由律师代表的人免受参与该事务的其他律师可能的过度行为、干扰律师—客户关系及未经律师指导的信息披露，来促进法律体系的正常运行。[2]本规则适用于与任何由律师代表的人进行的有关该事务的沟通。[3]即使被代表的人主动发起或同意沟通，本规则仍然适用。如果律师在开始沟通后发现对方是本规则

---

❶ Model Rules of Professional Conduct 4.2.

禁止沟通的对象,则必须立即终止沟通。"[1]

可见,如果被告人有律师,那么检察官就必须与对方律师沟通,而不能直接与被告人沟通,除非以下例外情形:①获得辩护律师的同意;②法律规定了例外;③获得了法庭命令的授权。此时检察官才能与被告人单方直接沟通。如果不具备以上辩护律师同意、法定例外、法庭命令的情形,检察官与被告人单方直接谈论案件相关事项就违反了职业道德,应受到职业纪律处分,所获得的证据也会被排除。

检察官不得与被告人直接沟通,这并不排除被告人对认罪协商活动的参与和决定权。其一,被告人可以通过公设辩护律师或私人辩护律师与检察官协商,参与认罪协商过程。其二,被告人有权接受或拒绝检察官的认罪提议,或在某个节点之前撤回认罪协议,并进行陪审团审判。其三,证据开示。美国某些州要求检察官在辩诉谈判前向被告人方开示所有证据,包括对其有利和不利的证据,这使得辩护律师能够帮助被告人作出以知情为基础的理性决定。其四,在有替代项目和刑事分流计划的州,允许被告人更积极地通过辩护律师参与谈判过程,以康复计划替代传统认罪协议的自由刑。一些州有认罪协商指导方针或建议,鼓励辩护律师在辩诉协商的每个阶段与被告人沟通,积极沟通会使被告人间接但具有实际意义地参与其中。

(二)检察官与自行辩护的被告人直接协商

在美国,对于拒绝律师辩护、放弃律师帮助辩护权的被告人,检察官可以与其进行认罪协商,但必须谨慎对待,避免其不自愿

---

[1] Model Rules of Professional Conduct 4.2. comment.

认罪，或者出于不懂法也不懂认罪的法律后果而不自愿认罪。

美国律师协会认罪协商标准14-3.1规定，检察官与被告人直接协商的前提条件是被告人合法放弃律师辩护权："检察官的职责。（a）检察官可以与被告人的律师进行认罪讨论，以达成认罪协议。如果被告人已合法放弃律师权利，检察官可以直接与被告人进行认罪讨论。在可能的情况下，应对与被告人的所有此类讨论进行记录并保存。"❶

《美国律师协会职业行为示范规则》也适用于检察官，其4.3规定："与无律师人士的互动。在代表客户与无律师的人士互动时，律师不得声明或暗示自己为中立方。如果律师知道或有合理理由知道该无律师人士对自己在案件中的角色存在误解，则律师应采取合理措施纠正这种误解。如果律师知道或有合理理由知道该人士的利益与自己客户的利益存在冲突或有合理可能存在冲突，则律师不得向无律师人士提供法律建议，但建议其聘请律师除外。"❷

在对《美国律师协会职业行为示范规则》4.3的官方注释[2]中，美国律师协会认为："律师会损害无律师人士利益的可能性非常高，因此本规则禁止律师向其提供任何建议，除了建议其寻求律师代理或辩护。律师是否提供了不允许的建议，可能取决于无律师人士的经验和熟悉程度，以及行为和评论发生的具体情境。本规则并不禁止律师与无律师人士协商交易条款或解决争议。只要律师已解释清楚自己代表的是相对立的一方，并不代表该人士，律师可以告知该人士，客户愿意签订协议或解决事务的条件，准备需要该人士签署的文件，并解释律师对该文件的意

---

❶ ABA Standards for Criminal Justice: Pleas of Guilty 14-3.1.
❷ ABA Model Rules of Professional Conduct 4.3.

或对相关法律义务的看法。"❶

加拿大与美国略有不同。根据加拿大刑事检察官政策手册，对于被告人没有律师辩护的："检察官在与自行辩护的被告人进行认罪解决方案讨论时应谨慎行事。在与自行辩护的被告人进行讨论之前，检察官应该鼓励被告人寻求律师的意见，来协助解决方案的讨论。但是，如果被告人拒绝寻求律师的意见，同时又希望进行解决方案的讨论，则在讨论期间，检察官应当安排第三人在场，或者以书面形式进行讨论，除非这一点无法合理实行。检察官应确保该讨论内容记录在案。"❷

与美国和加拿大相比，新西兰总检察长起诉指南中有对自行辩护被告人的专门指南，指出检察官需要特别注意的事项。

自行辩护的被告人

检察官在处理自行辩护的被告人时应特别注意以下事项：

1. 检察官应记录与自行辩护被告人所有的直接接触，并考虑是否应通过法院进行任何沟通。检察官应注意不要在没有自行辩护被告人在场或未向其抄送书面告知信的情况下与法院沟通，除非该沟通纯属行政性质，并且通常不会涉及对方律师（官方评论：纯属行政性质的通信示例包括就开庭的时间安排予以澄清；确认法院已收到相关文件）。

2. 检察官不得向自行辩护的被告人提供法律建议。如有必要，检察官应明确告知被告人，他们不代表被告人，不能向其提供法律建议，除了可以建议其聘请律师。

3. 检察官应尽量避免使用可能令自行辩护的被告人难以理解

---

❶ ABA Model Rules of Professional Conduct 4.3 comment.

❷ British Columbia Prosecution Service, Crown Counsel Policy Manual, Resolution Discussions (RES 1).

的过于技术性或法律化的语言。

......

8. 检察官不应主动与自行辩护的被告人进行认罪讨论。如果被告人试图向检察官发起认罪讨论，检察官应：8.1 说明有关适当指控的问题应于下次有机会时（如案件审查听证）在法官主持下讨论；8.2 确保对任何口头交流进行即时记录；8.3 通知法院，但需注意不要违反《新西兰证据法》第 57 条中关于特权的规定泄露讨论内容❶（官方评论：为避免侵犯特权，检察官可通知法院自行辩护的被告人曾试图发起认罪讨论，但不得透露讨论中提及的其他任何内容）。❷

新西兰与美国、加拿大相比有如下区别。其一，新西兰检察官原则上不能主动与自行辩护的被告人协商认罪，只能在法官主持下讨论；美国检察官能够与自行辩护的被告人直接协商认罪，加拿大检察官应采取第三人在场或书面方式与被告人直接协商。其二，对于检察官和被告人直接协商的，新西兰证据法以特权来保护被告人的认罪协商行为、言论和文件，美国和加拿大则对协商中的认罪言行和文件直接适用证据排除。

三、认罪协议对法官的效力与法官的裁量权

在认罪协议是否约束法官这个问题上，有三种做法：一是法官一旦接受 C 类协议就要遵守 C 类协议中的量刑条款或案件处理

---

❶ Section 57 of the New Zealand Evidence Act 2006. 笔者注：2016 年新增证据条文，被告人对为了在诉讼中的认罪讨论所制作或准备的任何相关沟通或文件的内容享有特权。

❷ Self-Represented Defendants of The Solicitor General's Prosecution Guidelines.

方案；二是法官一旦接受认罪协议就要受量刑条款的约束；三是法官不受任何认罪协议条款的约束。笔者认为，即使是在第一种、第二种做法中，法律仍然勉力为法官保留了最终的定罪量刑裁量权。

（一）法官裁量决定接受 C 类协议后须纳入判决

在有些司法辖区，法官需要遵守一些认罪协议中的量刑建议。从其刑事诉讼规则的规定看，主要有以下做法。

1. 接受 C 类协议后须纳入判决

《美国联邦刑事诉讼规则》11（c）（1）（C）规定了 C 类协议，法官一旦接受 C 类协议，就要将其内容纳入判决。与联邦法相似的还有马萨诸塞州、哥伦比亚特区、北达科他州、田纳西州以及马里兰州等的规定。

（1）联邦法上的 C 类协议。

《美国联邦刑事诉讼规则》11（c）（1）的 ABC 三款分别规定了 A、B、C 三种认罪协议，其中对于 A 类协议和 C 类协议，法官一旦接受，协议中商定的案件处理结果将被纳入判决中。其一，C 类协议是指检察官"同意某一具体的量刑或量刑范围是案件的适当处理"，控辩双方在认罪协议中约定这份协议适用《美国联邦刑事诉讼规则》11（c）（1）（C）的规定。其特点是，一旦法官决定接受认罪协议，协议中的检察官量刑建议或者被告人量刑请求对法官具有约束力。其二，A 类协议是指被告人认罪或者不辩解，检察官同意不指控其他犯罪或者撤回其他指控，这需要法官批准，法官通常会批准，笔者不赘述。其三，在 B 类协议中，检察官"建议或者同意不反对被告人的量刑请求"。控辩双方在认罪协议中约定这份协议适用《美国联邦刑事诉讼规则》11（c）（1）（B）的规定，即该协议对法官没有约束力。

单从法条来看，关于B类协议的条文，仅从文字上不容易看出和C类协议有什么区别，除法律效力的区别以外。实践中区分是B类协议还是C类协议的方法是看控辩双方订立的认罪协议中的法律依据部分。一般认罪协议的内容首先要表明法律依据是《美国联邦刑事诉讼规则》11（c）（1）（C）还是11（c）（1）（B），若是依据（C）目就是C类协议，如是依据（B）目就是B类协议，C类协议经法官接受后对法官有约束力，B类协议对法官则没有约束力。

关于对C类协议的识别，如2018年美国司法部公布供内部参考的C类认罪协议模版，正文首段开宗明义表明该协议为C类协议："合众国与［John R. Doe］（被告人）根据联邦刑事诉讼规则11（c）（1）（C）达成以下认罪协议：……"❶，接下来一为被告人权利列举；二为认罪和弃权列举；三为事实基础；四为罪名的构成要件；五为可能的最高量刑；六为量刑指南条款；七为量刑协议并再次明确该协议为C类协议，如果法官接受协议，就要按照协议判决；八为被告人的合作；九为检方的义务；十为律师辩护；十一为认罪自愿性；十二为违反协议的后果；十三为协议完整性，修改该协议需书面方式并经签名。文件末尾是被告人、辩护律师、检察官签名项。

《美国联邦刑事诉讼规则》11（c）（1）（C）规定C类协议的条款如下：

11（c）认罪协议程序。

---

❶ Model Annotated Individual Plea Agreement, Last Updated December 13, 2018. https://www.justice.gov/atr/criminal-enforcement，2023年9月20日最后访问。

(1) 一般规定。检察官与辩护律师或与拒绝律师辩护的被告人，可以讨论并达成认罪协议。法官不得参与这些讨论。如果被告人对指控的犯罪或较轻或相关的犯罪认罪或提出不辩解答辩，认罪协议可以规定，检察官将：(A) 不提出其他指控，或将提议撤销其他指控；(B) 建议，或同意不反对被告人的请求，即认为具体的量刑或量刑范围是适当的，或具体的《美国联邦量刑指南》条款、政策声明或量刑因素适用或不适用（此类建议或请求对法官没有约束力）；或 (C) 同意某一具体的量刑或量刑范围是案件的适当处理，或具体的《美国联邦量刑指南》条款、政策声明或量刑因素适用或不适用（此类建议或请求在法官接受认罪协议后对法官具有约束力）。

……

(3) 法官对认罪协议的考虑。(A) 如果认罪协议属于规则 11 (c) (1) (A) 或 (C) 所规定的类型，法官可以接受协议、拒绝协议，或推迟决定，直到法官审查量刑前报告为止。(B) 如果认罪协议属于规则 11 (c) (1) (B) 所规定的类型，法官必须告知被告人，如果法官不遵循建议或请求，被告人无权撤回认罪。

(4) 接受认罪协议。如果法官接受认罪协议，必须告知被告人，如果协议属于规则 11 (c) (1) (A) 或 (C) 所规定的类型，协议中商定的处理结果将被纳入判决中。❶

(2) 马萨诸塞州的 C 类协议。

《马萨诸塞州刑事诉讼规则》12 (b) (5)："依协议条件进行的答辩。如果被告人打算认罪或承认事实充分性且与检察官达成协议，但不包括不辩解答辩，则可进行认罪协议。(A) 认罪协议

---

❶ Federal Rules of Criminal Procedure 11.

可以包括以下内容：双方同意具体的判决内容（包括缓刑期限）及检察官作出的指控让步，如修改起诉书、撤销或部分撤销指控、不寻求起诉或不提出其他指控。如果协议包括具体量刑和指控让步，法官应按照规则 12（d）程序操作。如果法官接受协议并接受被告人的答辩，规则 12（d）要求法官根据协议条款对被告人量刑。"❶

（3）哥伦比亚特区的 C 类协议。

《哥伦比亚高等法院刑事诉讼规则》11（c）（1）："一般规定。检察官与被告人的律师或者无律师、自行辩护的被告人，可以就认罪协议进行讨论并达成协议。法官不得参与这些讨论。如果被告人就被指控的罪名或较轻或相关罪名认罪或不辩解，该认罪协议可以规定，检察官将：（A）不对被告人提起其他指控，或申请撤销其他指控罪名；（B）建议或同意不反对被告人请求某一具体量刑或量刑范围（该建议或请求对法官不具有约束力）；（C）同意某一具体量刑或量刑范围是对案件的适当处理（如果法官接受该认罪协议，该建议或请求对法官具有约束力）。"❷

（4）密西西比州的 C 类协议。

《密西西比州刑事诉讼规则》15.4（a）（2）："检察官和被告人的律师，或自行辩护的被告人，可达成协议，即在被告人对指控罪行或较轻或相关罪行认罪（在轻罪案件中不辩解答辩需经法院批准）的情况下，检察官可以采取以下行动之一：（A）提出撤销其他指控罪名的申请；（B）向审判法官提出具体量刑的建议，但需明确该建议或请求对法官没有约束力；或（C）向审判法院提出具体量刑的建议，法官可选择接受或拒绝。如果法官接受认

---

❶ Massachusetts Rules of Criminal Procedure 12.
❷ D. C. Superior Court Rules of Criminal Procedure.

罪协议,则必须告知被告人该协议的处理结果将纳入判决。"❶

(5)北达科他州的C类协议。

2023年修订并生效的《北达科他州刑事诉讼规则》规定如下。

11(c)(1)一般规则:检察官与被告人的律师,或自行辩护的被告人,可以讨论并达成认罪协议。法官不得参与这些讨论。如果被告人对指控的罪行或较轻或相关罪行认罪,认罪协议可以规定检察官将:(A)不提出其他指控,或将提出撤销其他指控的申请;(B)建议具体量刑,或同意不反对被告人的量刑请求,明确该建议或请求不对法院有约束力;(C)同意具体的量刑或量刑范围是对案件的适当处理;或(D)提出其他适当处理建议,或与被告人达成一致。

……

(3)法官对认罪协议的考虑:(A)如果认罪协议属于11(c)(1)(A)或(C)的类型,法官可以接受协议、拒绝协议或推迟决定,直至审阅量刑前报告。(B)如果认罪协议属于第11(c)(1)(B)条的类型,法官必须告知被告人,如果法官未采纳量刑建议或量刑请求,被告人无权撤回答辩。

(4)接受认罪协议:如果法官接受11(c)(1)(A)或(C)规定的认罪协议,必须告知被告人,协议约定的处理结果将纳入判决。

(5)拒绝认罪协议:如果法官拒绝11(c)(1)(A)或(C)的认罪协议,法官必须在记录中并在公开法庭上执行以下操作:(A)告知各方法官拒绝认罪协议;(B)亲自告知被告人法

---

❶ Wilson v. State, 21 So. 3d 572, 578(Miss. 2009); Wade v. State, 802 So. 2d 1023, 1028(Miss. 2001).

官不受认罪协议约束,并给予被告人撤回答辩的机会;(C)告知被告人,如果不撤回答辩,案件的处理可能比认罪协议中预期的结果更不利于被告人。❶

(6)田纳西州的C类协议。

《田纳西州刑事诉讼规则》规定如下。

11(c)(3)法官对认罪协议的考虑。(A)规则11(c)(1)(A)或(C)协议。如果协议属于规则11(c)(1)(A)❷或(C)类型❸,法官可以根据规则11(c)(4)或(5)接受或拒绝协议,或推迟决定,直至有机会审阅量刑前报告。

(4)接受认罪协议。如果法官接受了认罪协议,法官应告知被告人将在判决中纳入协议中规定的处理结果。❹

(7)马里兰州的F类协议。

《马里兰州法院规则》第4编刑事案件第200章审前程序的第4-243条于1984年采纳,经七次修订后于2013年生效,专门规定了认罪协商的程序及其约束力。其中,控辩双方可以向法官提交(a)(1)(F)中规定的协议,法官如果决定接受F类协议,就要按照协议量刑。

规则4-243 认罪协议

(a)协议的条件。(1)条款。被告人可以与州检察官就认罪或不辩解答辩达成协议,包括但不限于以下适当条件之一:(A)州检察官将修改起诉书以指控具体罪名或新增具体罪名,或将提交新的起诉文件;(B)州检察官将根据规则4-247(a)撤

---

❶ North Dakota Rules of Criminal Procedure 11.
❷ 笔者注:撤销某些指控。
❸ 笔者注:同意具体的刑罚是对案件的适当处理。
❹ Tennessee Rules of Criminal Procedure 11.

销起诉,或根据规则 4-248（a）申请将具体指控标记为"暂缓起诉"并记录在案；(C) 州检察官将同意对被告人面临的某些指控作出无罪判决；(D) 州检察官不会起诉被告人某些其他犯罪行为；(E) 州检察官将向法院建议某具体刑罚、裁定或其他司法行为,或不反对被告人的请求,或对此不发表意见；(F) 双方将提交一份认罪协议,提议某具体刑罚、裁定或其他司法行为,由法官根据本规则（c）审议。

……

（c）刑罚、裁定或其他司法行为的协议

（1）向法官提交。如果根据本规则（a）（1）（F）就认罪或不辩解答辩达成了包含具体刑罚、裁定或其他司法行为的协议,辩护律师和州检察官应在被告人认罪时告知法官协议的条款。法官可接受或拒绝答辩；如果接受,可批准协议或推迟决定是否批准协议,直至法官指示的审前程序和调查完成后。

（2）对法官无约束力。州检察官关于某具体刑罚、裁定或其他司法行为的协议对法官无约束力,除非向其提交协议的法官批准协议。

（3）批准认罪协议。如果认罪协议被批准,法官应在判决中纳入协议中约定的刑罚、裁定或其他司法行为,或者在双方同意的情况下作出比协议更有利于被告人的裁定。❶

马里兰州的 F 类协议,与在上文所述联邦、马萨诸塞州等的法官一旦接受协议后就须按协议判决的 C 类协议或者 A 类协议本质上是一致的。名称上不同只是由于被规定在不同的条款内。相同的是,控辩双方可以约定认罪协议是这种协议：法官要么不接

---

❶ Maryland Court Rules 4-243.

受不批准协议，要么接受或批准协议但必须将协议的内容纳入判决。在马里兰州，法官也可以在控辩双方同意的情况下比协议判得更轻。

2. 法官仍享有量刑上最终的自由裁量权

法院或者法官在量刑上应当享有完整的、最终的自由裁量权，是否接受认罪，不应受控辩双方的约束。在 C 类协议中，法官一旦接受协议，就必须将其中的内容纳入判决。但是，对于是否接受 C 类认罪协议，法官有完整、最终的自由裁量权，控辩双方无权要求法官接受 C 类协议。如果法官不接受 C 类协议，必须告知被告人有权撤回认罪，并对认罪相关的讨论和文件适用证据排除规则。C 类协议的控辩双方也并不能约束法官，认罪协议中的量刑条款和案件处理方案也并不排除法官对定罪量刑的最终的自由裁量权。这是因为法律并不强制法官必须接受 C 类协议，法官有拒绝接受 C 类协议的自由裁量权，从而不受其约束。

如何理解关于 C 类协议的法律规定。其一，它完整保留了法院、法官在量刑上的最终自由裁量权。其二，法官告知被告人拒绝 C 类协议，允许被告人撤回认罪，并规定对认罪的证据排除规则，避免认罪被用来骗取证供，以保障认罪自愿性。其三，法院要对 C 类协议进行更高程度的司法审查。法院不必当即接受 C 类协议，可以推迟作出决定，以审查量刑前调查报告等。其四，对于有被害人的案件，法院接受 C 类协议前更为审慎，要查阅被害人影响陈述，以保障被害人的程序权利。其五，辩护律师与检察官协商订立 C 类协议，有助于帮助被告人获得更具确定性的诉讼结局。

（二）法官接受或事先同意协议后即须照此量刑

从阿拉斯加、阿拉巴马、爱达荷州刑事诉讼规则的规定来看，其不区分认罪协议的类型，法官只要接受了认罪协议，就要按照协议约定的条款量刑。

1. 法官接受协议则应按协议量刑

《阿拉斯加州刑事诉讼规则》自 1959 年 10 月 4 日由州最高法院 4 号命令通过；其后多次修订，最近一次修订为 2019 年 7 月 9 日由州最高法院 1951 号命令通过。其第 11 条规定了认罪协商，其中（e）款规定了认罪协议对法官的约束力。

（e）认罪协议程序。

（1）披露量刑协议。如果双方达成量刑协议，法官应要求在被告人认罪时在公开法庭披露协议。披露后，法官可以接受或拒绝该协议，也可以推迟决定，直至收到量刑前报告。如果法官接受协议，可在不进行量刑前调查的情况下量刑。

（2）接受协议。如果法官接受协议，则法官应按照协议的条款量刑。

（3）拒绝协议。如果法官拒绝协议，应通知各方并在公开庭审中告知检察官和被告人，法官不受协议约束。如果法官认为协议过于宽缓，应给予被告人撤回答辩的机会。如果法官认为协议过于苛刻，应给予检察官退出协议的机会。❶

2. 法官接受协议后将在判决书纳入协议的处理结果

《阿拉巴马州刑事诉讼规则》第 14.3（c）条规定："接受或拒绝认罪协议。如果法官接受认罪协议，法官在遵守规则 14.4❷

---

❶ Alaska Rules of Criminal Procedure 11.
❷ 笔者注：审查协议的法庭程序。

后，应通知各方将在判决中纳入认罪协议中规定的处理结果。"❶

3. 法官接受协议后案件最终处置受协议条款约束

《爱达荷州刑事诉讼规则》第 11（f）（4）条规定："如果法官接受认罪协议，法官必须告知被告人法官将在案件最终处置中受该协议条款的约束。"❷

4. 法院可裁量决定是否将认罪协议作为纳入判决的协议或判更轻

《佛蒙特州刑事诉讼规则》第 11（c）条规定如下。
（5）如果有认罪协议且法官未根据本规则（e）（3）接受该协议，则法官在最高许可刑罚内对可能判处的刑罚不受限制；……

（e）认罪协议程序。……（2）……除非法官根据本条（e）（3）接受认罪协议，否则该协议对法官不具约束力，也不会限制法官判决和量刑。（3）接受认罪协议。如果法官接受认罪协议，法官应告知被告人将在判决中体现协议中约定的处理结果，或采取更宽缓的处理。❸

这意味着：其一，法官可自行决定是否接受协议；其二，当接受协议时，法官可自行决定是否依据 11（e）（3）接受协议，如果据此接受协议，则协议须纳入判决或者判更轻而不能判更重。其三，如果法官拒绝接受协议，那么法官可在不超过法定最高刑罚的范围内裁量量刑，不受协议的限制，协议对法官量刑没有约束力。

---

❶ Alabama Rules of Criminal Procedure 14.3（c）.
❷ Idaho Rules of Criminal Procedure 11（f）（4）.
❸ Vermont Rules of Criminal Procedure 11.

5. 法官可参与导致认罪协议的讨论并同意受协议约束

《夏威夷刑事诉讼规则》第 11 条已历经七次修订，最新条文于 2024 年生效，规定法官可参与控辩双方的讨论并同意受协议约束。"（f）认罪协议。（1）概述。检察官和被告人的律师，或无律师情况下的被告人，可以达成认罪协议，依据该协议，在被告人对指控罪行或包括罪行或相关罪行认罪或不辩解后，检察官将采取某些行动或采取某些立场，包括撤销其他指控及建议或不反对对提出答辩的罪行的具体量刑或处置。法官可以参与导致此类认罪协议的讨论，并可以同意受其约束。"❶ 这意味着法官对其本人参与协商的协议，可以同意受协议的约束，这是一种在被告人当庭认罪之前的同意，即事先的同意。

在以上 5 个州，法官自行裁量决定是否接受认罪协议、是否同意受认罪协议约束。法官在决定是否接受协议时，除要依法审查自愿性、事实基础等以外，还要充分考虑协议中的案件处置方案是否可以作为判决内容。如果法官认为认罪协议中的量刑条款、案件处置等可以作为判决内容，则可以决定接受认罪协议；如果法官不愿将协议中的内容作为判决内容，则有权决定拒绝认罪协议。

（三）法官不受认罪协议的约束

美国有些司法区明确规定法官在接受认罪协议后，不受认罪协议的约束。这种规定也有多种类型。

---

❶ Hawaii Rules of Penal Procedure 11（f）（1）.

1. 法官不受具体类型的协议约束

《美国联邦刑事诉讼规则》11（c）（1）（B）规定的 B 类协议，对法官没有约束力。11（c）（1）（B）规定，检察官"建议，或同意不反对被告人的请求，即认为具体的量刑或量刑范围是适当的，或具体的《美国联邦量刑指南》条款、政策声明或量刑因素适用或不适用（此类建议或请求对法院没有约束力）"。且根据 11（c）（3），"法院对认罪协议的考虑。……（B）如果认罪协议属于规则 11（c）（1）（B）所规定的类型，法院必须告知被告人，如果法院不遵循建议或请求，被告人无权撤回认罪。"

在前文规定 C 类协议或"C 类+A 类（检察官不指控或撤销指控）"的各州，除 C 类协议一旦法官接受就要受到约束以外，对于其他类型的协议，即使法官接受协议也不意味着法官要按照协议来量刑或处置案件。例如在马里兰州，仅 F 类协议（相当于联邦和其他州的 C 类协议）在法官接受后要纳入判决，其他 ABCDE 五种协议均对法官无约束力。

2. 除非法官同意或事先同意受协议约束，否则不受协议约束

2024 年《夏威夷刑事诉讼规则》11（f）（3）："对被告人的警告。在披露任何认罪协议后，法官应当告知被告人，非经法官同意，其不受协议约束。否则法官不得接受被告人的答辩。"对于法官曾参与协商并达成的协议，法官可以同意受其约束，见《夏威夷刑事诉讼规则》11（f）（1）"法官可以参与导致此类认罪协议的讨论，并可以同意受其约束"❶。对于法官不曾参与协商并拒

---

❶ Hawaii Rules of Criminal Procedure 11（f）.

绝接受的协议，以及法官虽参与协商但不同意受协议约束的，法官不受协议约束。

3. 法官不受不适当量刑条款的约束

《亚利桑那州刑事诉讼规则》17.4（d）规定："在完成（c）部分所要求的认定❶并考虑被害人在（v）（2）部分中的意见后，法官必须接受或拒绝提交的认罪协议。如果法官在接受协议并审查量刑前报告后，认为协议中关于量刑或缓刑条款的规定不适当，则法官不受该规定的约束。"但"如果法官拒绝认罪协议或协议中的任何条款，必须给予被告人撤回答辩的机会"。❷

4. 法官不受任何认罪协议的约束

加拿大与以上美国各州不同，《加拿大刑事法典》606（1）（1.1）（b）（iii）明确规定："法官不受被告人与检察官之间协议的约束。"❸

法官不受认罪协议约束，最为彻底地保障了法官的审判权。在给予被告人撤回认罪、认罪言行文件均予以证据排除的前提下，如果检察官不同意进行新一轮认罪协商，就只能进行陪审团审判或者法官法庭的审判。

四、被告人享有律师帮助辩护的权利

在美国，被告人的律师辩护权根植于1791年通过的《美国宪

---

❶ 笔者注：对被告人的告知等。
❷ Arizona Rules of Criminal Procedure 17.4（d）.
❸ Canada Criminal Code（R.S.C., 1985, c.C-46）606（1）（1.1）（b）（iii）.

法第六修正案》:"在刑事诉讼中,被指控人应当享有……获得律师帮助辩护的权利。"这一宪法权利首先在刑事审判程序中得以确认,联邦最高法院在20世纪30年代至20世纪50年代间经多个判例明确被告人的律师帮助辩护权是指有效辩护权(effective assistance of counsel)❶,也可译为有效律师权、有效帮助权、有效律师帮助权。

(一)被告人在认罪协商中享有有效辩护权

1970年,美国联邦最高法院将有效辩护权作为认罪协商中被告人的一项重要宪法权利加以确认,有效辩护权是被告人认罪自愿性的条件。这一时期有效辩护的判断标准是律师适格性,合格律师的错误判断不影响认罪的自愿性。1972年以来,轻罪案件与死刑、重罪案件的被告人一样,有权获得指定的辩护律师。1984年,联邦最高法院确立了无效辩护的两步法审查标准,如果律师的错误对案件结果造成不良影响的,应予以救济。通过建立对无效辩护的审查标准,可以识别哪些被告人的有效辩护权受到侵犯,从而对其予以救济。此后有效辩护权对律师适格性的要求不断提高。❷

2009年,联邦最高法院再次重申,《美国宪法第六修正案》保障被告人在刑事诉讼所有关键阶段的有效辩护权。2010年,联邦最高法院明确指出,认罪协商的谈判是诉讼的关键阶段。如果被告人不是美国公民,对于认罪在移民法上的后果,律师不能保持沉默,必须告知其认罪可能导致其被驱逐、不能入境或不能入籍。2012年以来,对由于律师的错误导致被告人拒绝答辩提议的

---

❶❷ 参见祁建建:"美国辩诉交易中的有效辩护权",载《比较法研究》2015年第6期。

案件，虽已经过陪审团公正审判后定罪，联邦最高法院仍撤销原判，发回重审。❶ 这是因为："认罪协商已经在美国刑事司法体制的管理中占据了如此中心的地位，以至于辩护律师在认罪协商程序中必须履行《美国宪法第六修正案》要求的、在刑事诉讼的关键阶段提供有效辩护的职责。"❷

（二）辩护律师应遵循被告人关于是否认罪、陪审团审判及作证的决定

在美国，在被告人和辩护律师的关系中，是否认罪的决定由谁作出？是接受还是拒绝检察官提出的认罪提议，决定由谁作出？首先，这些决定必须由被告人直接作出，而不能由辩护律师代为决定。其次，辩护律师必须遵循被告人作出的决定。辩护律师不能基于自身的职业经验和法律知识代替被告人作出认罪或者拒绝认罪的决定，否则就违反了职业道德，应受纪律处分。

《美国律师协会职业行为示范规则》和联邦最高法院均认为，决定是否认罪的权利是专属于被告人的基本自主权益。根据《美国律师协会职业行为示范规则》1.2，在是否认罪、陪审团审判、作证三项问题上，辩护律师必须遵循被告人的决定，具体规定如下：

规则1.2：代理范围与客户与律师之间的权力分配

客户—律师关系

（a）在（c）和（d）段的规定下，律师应遵循客户关于代理目标的决定，并根据规则1.4的要求与客户商讨实现这些目标的

---

❶ 参见祁建建："美国辩诉交易中的有效辩护权"，载《比较法研究》2015年第6期。

❷ Missouri v. Frye, 566 U.S. _ (2012) (slip op. at p 7).

手段。律师可以为实现代理而隐含授权采取行动。律师应遵循客户关于是否和解的决定。在刑事案件中，律师应遵循客户在与律师商讨后的决定，包括认罪、是否放弃陪审团审判及是否作证。(b) 律师代理客户，包括被指派代理，并不构成对客户的政治、经济、社会或道德观点或活动的认可。(c) 在合理情况下，律师可以限制代理的范围，但需获得客户的知情同意。(d) 律师不得建议或协助客户从事律师明知的犯罪或欺诈行为，但律师可以与客户讨论任何拟进行行为的法律后果，并可以建议或协助客户努力确定法律的有效性、范围、含义或适用性。❶

（三）辩护律师负有及时告知认罪提议与帮助作出知情决定的义务

由于对于有律师的被告人，检察官不能直接联系被告人沟通认罪协议，所以检察官只能将认罪提议交给辩护律师，由辩护律师转交被告人。检察官的认罪提议往往附有有效期，实践中如果辩护律师没有及时转告被告人，导致提议过期的，美国联邦最高法院判例予以救济，将有罪判决撤销，发回重审。❷《美国律师协会职业行为示范规则》要求辩护律师对于检察官的认罪提议，必须及时告知被告人，具体规定如下。

规则 1.4：沟通

律师—客户关系

(a) 律师应当：(1) 及时告知客户任何根据本规则需要客户知情同意［按规则 1.0 (e) 定义］的决定或情况；(2) 就实现

---

❶ ABA Model Rules of Professional Conduct 1.2.
❷ 参见祁建建："美国辩诉交易中的有效辩护权"，载《比较法研究》2015 年第 6 期。

客户目标的方法与客户进行合理的协商;(3)将事务的进展情况合理地告知客户;(4)及时回应客户关于信息的合理请求;以及(5)当律师知道客户期望的协助不被《美国律师协会职业行为示范规则》或其他法律允许时,就律师行为的任何相关限制与客户进行协商。(b)律师应当在合理必要的范围内解释相关事务,以使客户能够就代理事务作出知情决定。❶

美国律师协会的官方注释再次强调,对于检察官的认罪提议,辩护律师必须及时告知被告人。"[2]如果这些规则要求客户对某项代理事务作出决定,则(a)(1)要求律师在采取行动之前,必须及时与客户协商并获得客户的同意,除非之前与客户的讨论已经解决了客户希望律师采取的行动。例如,律师从对方律师处收到一项关于民事争议的和解提议或刑事案件中的认罪协议提议时,必须及时将提议的实质内容告知客户,除非客户之前已表明该提议是可以接受还是不可接受的,或者已授权律师接受或拒绝该提议。参见规则1.2(a)。"❷

美国律师协会对规则1.4的官方注释强调了被告人对认罪协议的知情权和决定权,并明确了律师要告知被告人案件信息,帮助被告人了解认罪协议和案件策略,以便被告人作出知情、自愿的决定。

[3](a)(2)要求律师与客户就实现客户目标的方法进行合理协商。在某些情况下——取决于待考虑行动的重要性和与客户协商的可行性——此义务要求在采取行动之前进行协商。在其他情况下,如在庭审中需要立即作出决定时,情况的紧急性可能要求律师在未经事先协商的情况下采取行动。在此类情况下,律师

---

❶ ABA Model Rules of Professional Conduct 1.4.
❷ ABA Model Rules of Professional Conduct 1.4. comment.

仍必须合理地将所采取的行动告知客户。此外，(a)(3)要求律师将事务的进展情况合理地告知客户，如影响代理事务时间安排或实质性的重大进展。

［4］律师定期与客户沟通可以尽量减少客户因代理事务需要获取信息的情况。然而，当客户提出合理的信息请求时，(a)(4)要求律师及时回应该请求，或者如果无法立即回应，则律师或其工作人员应确认收到请求并告知客户预期的回应时间。律师应及时回复或确认客户的沟通。

［5］客户应获得足够的信息，以便能够在其意愿和能力范围内就代理目标和实现方式作出明智决策。沟通的充分性部分取决于所涉及的建议或协助的性质。例如，在有时间解释谈判中提出的提案时，律师应在达成协议之前，与客户审查所有重要条款。在诉讼中，律师应解释一般策略和成功的可能性，并通常就可能导致重大费用、伤害或胁迫他人的策略与客户协商。但律师通常不需要详细说明庭审或谈判策略。指导原则是，律师应根据为客户最佳利益行事的义务，以及客户对代理性质的总体需求，满足客户对信息的合理期望。在某些情况下，例如当律师要求客户同意受利益冲突影响的代理事务时，客户必须根据规则1.0(e)的定义提供知情同意。❶

第三节　对一般政策的限制与突破

鉴于美国检察官的裁量权空间，美国有些州在某些方面对认

---

❶ ABA Model Rules of Professional Conduct 1.4. comment.

罪协商作出了不同于联邦和多数州的规定。除州之外，县市检察官也可能会制定本地认罪协商政策，从而使其具有特殊性，本书限于篇幅不作介绍。

一、禁止或限制量刑协商

阿拉斯加州是较早限制量刑协商的州，笔者将其与新西兰的规定作了对比。

（一）阿拉斯加州

1975年，阿拉斯加州总检察长实施禁令禁止检察官进行量刑谈判。2013年，阿拉斯加州总检察长制定了一项限制认罪协商的新政策，禁止检察官就被控犯有暴力罪行的人的刑期进行谈判，该政策涵盖最严重的重罪案件，以及所有涉及性侵犯、未成年人性虐待和家庭暴力的案件。阿拉斯加州曾经一度被认为废除了认罪协商，这种说法是不准确的，罪名交易始终存在，受到限制的是量刑协商。这意味着检察官不得向法院建议更宽大的监禁或刑期，也不得威胁延长刑期以提升其谈判地位，即某些案件中的量刑协商被废除了。

该州始终允许检察官就指控罪名进行谈判。有研究表明，量刑协商禁令对认罪协商率没有产生有意义的影响，大量的案件通过指控协商解决了。❶

---

❶ Bryan C. McCannon, Alaska's Ban on Sentence Bargaining, 42 *Contemporary Economic Policy* 110-119（2024）.

（二）新西兰与阿拉斯加州的比较

远在大洋洲的新西兰也禁止控辩双方进行量刑协商。与阿拉斯加州不同的是：其一，在新西兰，指控罪名和事实的协商不是刑事诉讼法中的正式制度安排，而是由《新西兰总检察长公诉指南》规定。其二，新西兰法官可以在控辩双方就犯罪事实基础达成一致后向被告人作出量刑指示，以使被告人对可能判处的刑种和刑期更清楚，帮助被告人决定是否认罪。

1. 禁止量刑协商默认指控协商

新西兰刑事诉讼法并无认罪协商的规定。2024年新西兰总检察长修订后的《新西兰总检察长公诉指南》遵循以往习惯禁止进行量刑协商，允许指控协商，但在案件事实摘要中必须记录所有证据能够证明的犯罪事实，谋杀罪的认罪协议须经总检察长批准。

55. 认罪协议是被告人与检察官之间的一项协议，根据该协议，被告人同意对一项或多项指控认罪，以换取以下其中一项或多项：55.1 撤销指控；55.2 合并指控；或 55.3 减轻指控。

56. 认罪协议还可能包括检察官同意不提交起诉、不提供证据或撤销起诉，以换取嫌疑人在针对同一事实的其他被告人的审判中作证。此类协议的存在应告知相关的其他被告人。

57. 认罪协议不应包括检察官同意支持具体量刑，因为量刑的决定完全属于法院的权限。检察官可以提前告知被告人其在量刑中的可能立场，但这不应成为认罪协议的一部分。

……

59. 无论认罪讨论是否导致认罪协议，如果以有原则的方式进行，都是推进检控案件高效和有效的合法途径。讨论可以由检察官或被告人在检控的任何阶段发起。

60. 检察官应与辩护律师进行认罪讨论,通常不应直接与被告人进行讨论,无论被告人是否由律师辩护或自行辩护。

61. 检察官可以在符合司法利益的情况下达成认罪协议。这要求被告人认罪的指控必须满足以下条件:61.1 明确由证据支持;61.2 充分反映行为的基本犯罪性质;61.3 为适当的量刑提供充分依据。

……

69. 检察官必须根据《谋杀案件认罪协议指南》,为涉谋杀罪的认罪协议取得总检察长的批准。检察官须遵守刑事诉讼法第188条中要求的批准。

70. 认罪协议通常涉及量刑的事实基础的讨论。检察官不得同意向法院提交误导性的事实摘要。例如,检察官不得:70.1 隐瞒与量刑相关且重要的可采事实;70.2 隐瞒被害人遭受伤害或损失的信息;70.3 包含可能导致法院拒绝认罪的事实(例如,在具体罪行需要证明意图的情况下,暗示犯罪可能是意外)。❶

《新西兰总检察长公诉指南》还明确要求检察官不要进行违法的认罪协商,明确被告人向被害人赔偿与公共利益的关系。

避免违法的认罪协商

认罪协议或分流是否适当?

1. 检控机构可以与被告人达成认罪协议或实施分流计划,其中可能包括被告人向被害人支付赔偿金或其他款项。检察官和检控机构应谨慎行事,确保这些安排不违法。

……

---

❶ Principal Guideline of The Solicitor General's Prosecution Guidelines.

4. 检控机构在考虑被告人支付赔偿金或其他款项是否适合于具体案件时，应继续适用公共利益审查。只有在确信符合公共利益的情况下，检察官才应同意分流或对较轻指控的认罪协议。被告人通过支付赔偿金来表达悔过的意愿只是公共利益评估中需要考虑的众多因素之一。

5. 当赔偿金支付成为修改指控或案件分流的主要或关键原因时，认罪协议或分流安排很可能是违法的。一般而言，在指控行为的严重性较低至中等的情况下，检察官同意认罪协议或分流会更为适当。❶

2. 法官作出量刑指示

量刑指示在新西兰入法之前曾开展试点，量刑指示试点中的法官可以与检察官讨论根据事实摘要提出的指控是否适当，或者与被告人或其律师讨论辩护的依据。新西兰法律委员会认为，从辩护角度来看，所有指控协商期待的结果都与量刑有关，法官参与此类讨论是有问题的。❷ 上诉法院曾在 R v Reece & Ors 案中发表了强烈反对意见，即在缺乏任何关于法官参与认罪协商的既定指导方针的情况下，这种由法官指示可能的量刑的程序非常不寻常。如果在律师和审判法官之间非正式、非结构化的讨论过程中发现这种行为，那么显然存在操纵和削弱公众对司法管理的信心的可能。❸

量刑指示现已正式化、制度化。2024 年版的《2011 年新西兰

---

❶ Avoid Unlawful Bargains of The Solicitor General's Prosecution Guidelines.

❷ New Zealand Law Commission, Criminal Prosecution, Report 66, http://www.nz-lii.org/nz/other/nzlc/report/R66/R66-9_.html，2024 年 9 月 20 日最后访问。

❸ R v Reece & Ors (22 May 1995) unreported, CA 74_78/95, 3_4.

刑事诉讼法》在第60~65条规定了法官对被告人（如果认罪）的量刑指示。

60. 量刑指示的含义

量刑指示是指法官作出的声明，如果被告人对指控中所称的罪行或其他指定罪行在当时认罪，法官可能会或不会（视情况而定）对被告人判处：

（a）某种具体类型或多种类型的量刑；或者（b）某种具体类型或多种类型的量刑，且量刑范围在指定范围内（如时间段或金额）；或者（c）某种具体类型或多种类型的量刑，且量刑具有具体的量化标准（如时间段或金额）。

61. 作出量刑指示

（1）法官可以作出量刑指示，但只能在被告人于审判前提出请求的情况下作出。

（2）如果被告人请求量刑指示，法官在确信其当时可获得的信息足以支持该指示的情况下，可以作出量刑指示，但须遵守第（3）款。

（3）在不限制法官在作出量刑指示前可能需要的信息范围的情况下，法官在作出第60条（c）款描述的量刑指示之前，必须获得以下信息：（a）检察官和被告人达成一致的用于量刑指示的事实摘要；以及（b）被告人的任何先前定罪记录的信息；以及（c）根据《2002年被害人权利法》与相关罪行有关准备的任何被害人影响陈述的副本。

62. 与作出量刑指示有关的进一步规定

（1）如果法官拟作出量刑指示，法官可以给予检察官和被告人就该事项发表意见的机会。

（2）量刑指示必须在公开法庭上作出。

(3) 每项量刑指示都必须由法院记录在案。

(4) 在一项诉讼中,仅在自上次量刑指示以来发生了可能对适当的量刑类型或量化标准产生实质性影响的情况变化时,才可以作出第二次或后续的量刑指示。

(5) 任何一方均不得对作出或未作出量刑指示的决定提出上诉。

63. 与量刑指示有关的罪行及处罚

(1) 在被告人被判处刑罚或指控被驳回之前,故意发布以下任何信息的,构成犯罪:(a) 关于量刑指示请求的信息;或者(b) 关于已作出的量刑指示的信息。

(2) 因违反第 (1) 款而被定罪后,处以下刑罚:(a) 对个人处以不超过3个月的监禁;(b) 对法人团体处以不超过$50 000的罚款。

64. 量刑指示的持续时间

量刑指示在以下情况生效:(a) 直到法官指定日期的结束;或者 (b) 如果未指定日期,直到量刑指示作出日期后5个工作日届满时为止。

65. 关于量刑指示请求在诉讼中的不可采纳性

被告人提出量刑指示请求的事实在任何诉讼中均不可作为证据采纳。

在新西兰,量刑指示是法官对被告人(如果认罪)的可能的量刑刑种或刑期或罚金范围的预判,但并非最终判决,主要目的是帮助被告人决定是否认罪。作为法官作出量刑指示的事实基础,用于量刑指示的事实摘要需要由检察官和被告人达成一致。法官基于控辩协商一致的事实、被告人犯罪记录、被害人影响陈述等作出量刑指示,以被告人认罪为条件告知其预判的量刑范围,更像是其与被告人直接进行的公开、正式的量刑承诺，即如果被告人认罪，法官将在此范围内量刑。

二、禁止或限制某些指控协商

美国各州认罪协商通常对所有的刑事案件开放，但加利福尼亚州、纽约州等州例外。

（一）加利福尼亚州禁止43种严重犯罪的认罪协商

《加利福尼亚州刑事法典》第1192.7条于1982年增设，2000年、2023年两次修订，最新版于2024年生效，禁止在列举出的43种严重刑事案件中进行认罪协商，包括严重重罪、持枪重罪、毒驾酒驾、暴力性犯罪等案件。认罪协商仅适用于其他案件。

1192.7（a）（1）立法机关的意图是，地方检察官应根据"单一重罪打击法""三振出局法"或性犯罪惯犯法对暴力性犯罪进行起诉，而不是就这些罪行进行认罪协商。

（2）在任何案件中，如果大陪审团起诉书或检察官起诉书起诉任何严重重罪，任何涉及被告人亲自使用枪支的重罪，或任何酒精、毒品、麻醉品或任何其他麻醉性物质（或其组合）影响下驾驶的所有犯罪，除非存在以下情况，否则禁止认罪协商：禁止进行认罪协商，除非检方缺乏足够证据以证明案件，或者无法获得重要证人的证词，或减轻量刑或撤销指控不会导致量刑的实质性变化。

（3）如果大陪审团起诉书或检察官起诉书起诉被告人犯有第667.61条（c）款中列出的暴力性犯罪，并且可以根据第269条、

第288.7条、第667条（b）~（i）款、第667.61条或第667.71条起诉，除非检方缺乏足够证据以证明案件，或者无法获得重要证人的证词，或减轻量刑或撤销指控不会导致量刑的实质性变化，否则禁止认罪协商。在向法官提交协议时，地方检察官应在记录中说明为何未根据上述条款之一请求量刑。

（b）本条所称"认罪协商"是指被告人或其辩护律师与检察官或法官之间的任何交易、协商或讨论，被告人同意认罪或不辩解，以换取检察官或法官在涉及被告人任何指控或量刑上的任何承诺、让步、保证或考虑。

（c）本条所称"严重重罪"是指以下任何罪行：

（1）谋杀或故意杀人；（2）伤害；（3）强奸；（4）以武力、暴力、胁迫、威胁造成重大人身伤害，或以对被害人或他人立即且非法人身伤害的恐惧实施肛交；（5）以武力、暴力、胁迫、威胁造成重大人身伤害，或以对被害人或他人立即且非法人身伤害的恐惧实施口交；（6）对未满14岁儿童实施的猥亵行为；（7）任何可判处死刑或终身监禁的重罪；（8）被告人亲自对任何人（非同案犯）实施重大人身伤害的任何重罪，或被告人亲自使用枪支的任何重罪；（9）谋杀未遂；（10）意图实施强奸或抢劫的攻击；（11）用致命武器或工具攻击执法人员；（12）终身监禁的囚犯对囚犯以外人员的攻击；（13）囚犯使用致命武器的攻击；（14）纵火；（15）意图伤害而引爆破坏性装置或爆炸物；（16）引爆破坏性装置或爆炸物，造成人身伤害、重大人身伤害或伤残；（17）意图谋杀而引爆破坏性装置或爆炸物；（18）一级盗窃；（19）抢劫或抢劫银行；（20）绑架；（21）监狱囚犯劫持人质；（22）意图实施可判处死刑或终身监禁的重罪；（23）被告人亲自使用危险或致命武器的任何重罪；（24）向未成年人出售、供应、管理、给予或提供出售、供应、管理或给予任何海洛因、可卡因、苯环利定（PCP），或任何与甲基苯丙胺相关的药物（如《健康与安全法典》第 11055 条（d）款（2）项描述的药物）或甲基苯丙胺的任何前体物质［如《健康与安全法典》第 11055 条（f）款（1）项（A）目或第 11100 条（a）款中描述的药物］的任何重罪；(25) 违反第 289 条（a）款，且该行为是在违背被害人意愿下通过武力、暴力、胁迫、威胁或对被害人或他人立即且非法人身伤害的恐惧下实施的；(26) 涉及枪支的重大盗窃；(27) 劫车；(28) 任何重罪犯罪，同时也构成违反第 186.22 条的重罪；(29) 意图实施伤害、强奸、肛交或口交的攻击，违反第 220 条；(30) 向他人投掷酸性物质或易燃物质，违反第 244 条；(31) 用致命武器、枪支、机关枪、攻击武器或半自动枪支攻击执法人员或消防员，违反第 245 条；(32) 对公共交通员工、看守员或学校员工用致命武器攻击，违反第 245.2 条、第 245.3 条或第 245.5 条；(33) 向有人居住的住所、车辆或飞机开枪，违反第 246 条；(34) 与他人共同实施强奸或性侵，违反第 264.1 条；(35) 对儿童的持续性性虐待，违反第 288.5 条；(36) 从车辆上开枪，违反第 26100 条（c）或（d）款；(37) 恐吓被害人或证人，违反第 136.1 条；(38) 刑事威胁，违反第 422 条；(39) 实施本款列出的犯罪（攻击除外）的任何未遂行为；(40) 违反第 12022.53 条的任何行为；(41) 违反第 11418 条（b）或（c）款的任何行为；(42) 未成年人人口贩运，违反第 236.1 条（c）款，但对于违反第 236.1 条（c）款（1）项的情况，如果实施该犯罪的人在犯罪时是人口贩运的被害人［如第 236.1 条（b）或（c）款所述］，则不适用；以及 (43) 共谋实施本款所述犯罪的任何行为。

（d）本条所称"抢劫银行"是指通过武力、暴力或恐吓从他人或其面前夺取或企图夺取属于银行、信用合作社或任何储蓄贷款组织或受其管理、保管、控制或占有的任何财产或金钱或任何其他有价值的物品。

本款所述术语具有以下含义：

（1）"银行"指任何联邦储备系统的成员，以及根据美国法律运营的任何银行、银行协会、信托公司、储蓄银行或其他银行机构，以及其存款由联邦存款保险公司（FDIC）保险的任何银行。

（2）"储蓄贷款组织"指任何联邦储蓄贷款组织及《国家住房法》第401条修订后定义的任何"保险机构"，及《联邦信用合作法》第2条定义的任何联邦信用合作社。

（3）"信用合作社"指任何联邦信用合作社及其账户由国家信用合作管理局管理员保险的任何州立信用合作社。

（e）本条的规定，除非经两院通过并记录投票表决且每院2/3的议员同意通过的法律，或通过选民批准生效的法律，否则不得由立法机关修改。❶

2023年，加利福尼亚州有着超过美国10%的人口，约3900万人，占美国国民总收入14%，约3.9万亿美元。❷ 2014年，第47号提案将一些盗窃和毒品犯罪从重罪降为轻罪，如从商店偷窃价值950美元及以下的物品和持有毒品通常成为轻罪，现实中很少被捕受罚，导致成群结队哄抢零售店的行为越演越烈，新闻屡

---

❶ The Penal Code of California 1192.7. 加州刑事法典共六部分，第一部分是犯罪与刑罚，第二部分第681条至第1620条是刑事程序，其他部分是关于自由刑与死刑、预防犯罪与抓捕、致命武器的管理等。

❷ Jenny Duan and Sarah Bohn, California's Economy, Public Policy Institute of California, October, 2024. https://www.ppic.org/publication/californias-economy, 2024年10月20日最后访问。

见报端。毒品和零售盗窃犯罪的剧增恶化了治安，增加了门店经营成本，使商户与居民不堪其扰，亟须维护安全与秩序。2024 年笔者观察到加利福尼亚州零售店对价值高的商品纷纷上锁，旧金山市中心著名商业街关门闭店一片萧条。2024 年 11 月，加利福尼亚州公投通过第 36 号法令"允许起诉重罪并加重某些毒品和盗窃罪的刑罚"，对有两次或以上商店盗窃、入室盗窃或劫车等盗窃犯罪记录的，再犯盗窃罪将被定为重罪，以及对于三人或以上共同实施盗窃或破坏财产罪的，刑罚最高可达在州县监狱三年监禁。对于因贩卖芬太尼、海洛因、可卡因或甲基苯丙胺等毒品而被量刑的罪犯，在州监狱服刑。贩卖或提供导致他人死亡的芬太尼、海洛因、可卡因或甲基苯丙胺等非法毒品，可能会被起诉谋杀罪。对于持有毒品第三次被定罪的人创设了新的犯罪与刑罚类别即"强制治疗重罪"，接受治疗而非判处自由刑。❶

结合加利福尼亚州 36 号法令的公投结果及其刑事法典禁止 43 种重罪案件认罪协商，此前两年还有主张刑罚轻缓化的旧金山检察长被公投罢免。这一系列事件不是偶然的，虽然有疫情导致的秩序混乱，但也意味着加利福尼亚州居民认为刑事司法威慑不足，无以控制犯罪、保障安全和秩序，其刑事法可能正在面临由轻缓向重罚的转型。

（二）纽约州限制对罪名、罪等、轻重罪的指控协商

《纽约州刑事诉讼法》第 220 条于 2023 年修订、2024 年生效，

---

❶ Proposition 36. Allows Felony Charges and Increases Sentences for Certain Drug and Theft Crimes. Initiative Statute. https://lao.ca.gov/BallotAnalysis/Proposition? number = 36&year=2024，2024 年 11 月 10 日最后访问。

增加了对认罪协商的限制。目前的主要限制有：其一，限制对一级谋杀罪的认罪协商，被告人对于可能判处死刑的一级谋杀罪不得认罪协商，除非认罪协议约定判处无期徒刑。其二，限制对罪名的降级指控，如对管制物质 A 类重罪认罪后只能降级到 B 类重罪，不能降得更低。其三，有重罪前科的被告人再犯重罪，只能对重罪达成认罪协议，不能改认轻罪。这些限制不适用于未成年人案件。

§220.10 答辩；答辩的种类

只能提出本条规定的以下几种答辩：……5. (a) (i) 如果起诉书指控了刑法第 220 条中定义的 A 级重罪之一或企图实施此类 A 级重罪，则根据本条第 3 款或第 4 款提出的任何有罪答辩必须是或必须至少包括对 B 级重罪的有罪答辩。

(ii) 如果起诉书指控了刑法第 220 条中定义的 B 级重罪之一，则根据本条第 3 款或第 4 款提出的任何有罪答辩必须是或必须至少包括对 D 级重罪的有罪答辩。

(b) 如果起诉书指控了任何 B 级重罪，但不包括刑法第 220 条中定义的 B 级重罪或刑法第 70.02 条第 1 款中定义的 B 级暴力重罪，则根据本条第 3 款或第 4 款提出的任何有罪答辩必须至少包括对一项重罪的有罪答辩。

(c) 如果起诉书指控了一项重罪，但不包括刑法第 220 条中定义的 A 级重罪或 B 级重罪，或刑法第 70.02 条第 1 款中定义的 B 级或 C 级暴力重罪，并且被告人已根据刑法第 70.06 条被认定为有重罪前科的犯罪人，则根据本条第 3 款或第 4 款提出的任何有罪答辩必须至少包括对一项重罪的有罪答辩。

(d) 如果起诉书指控了一项 A 级重罪（但不包括刑法第 220 条中定义的重罪）或指控了刑法第 70.02 条第 1 款中定义的 B 级或 C 级暴力重罪，则根据本条第 3 款或第 4 款提出的有罪答辩必须符合以下条件：

（i）如果起诉书指控了一项 A 级重罪或一项同时属于暴力武装重罪的 B 级暴力重罪，则有罪答辩必须至少包括对 C 级暴力重罪的有罪答辩；

（ii）除（i）款另有规定外，如果起诉书指控了一项 B 级暴力重罪或 C 级暴力重罪，则有罪答辩必须至少包括对 D 级暴力重罪的有罪答辩；

（iii）如果起诉书指控了刑法第 265.02 条第 4 款中定义的 D 级暴力重罪（三级非法持有武器罪），且被告人在犯罪前五年内没有被判处刑法中定义的 A 级轻罪，则有罪答辩必须是对以下之一的答辩：E 级暴力重罪（三级企图非法持有武器罪）或 A 级轻罪（四级非法持有武器罪，刑法第 265.01 条第 1 款定义）；

（iv）如果起诉书指控了刑法第 265.02 条第 4 款中定义的 D 级暴力重罪，且上述第（iii）款不适用，或根据刑法第 265.02 条第 5 款、第 7 款或第 8 款，则有罪答辩必须至少包括对 E 级暴力重罪的有罪答辩。

（e）被告人不得对刑法第 125.27 条中定义的一级谋杀罪提出有罪答辩；但如果法院允许并且控方同意，当商定的刑罚是无假释的终身监禁或除无假释终身监禁以外的一级谋杀 A-I 级重罪的监禁时，被告人可以提出此类答辩。

（f）本款的规定适用于所有情况下，即使被告人因此无法对任何较轻包含罪名提出有罪答辩。

（g）如果被告人是未成年人，则本款（a）（b）（c）（d）的规定不适用，根据本条第 3 款或第 4 款提出的任何答辩必须符合以下条件：

（i）如果起诉书指控 14 岁或 15 岁的人犯二级谋杀罪，则根据本条第 3 款或第 4 款提出的任何有罪答辩必须是对被告人需承担刑事责任的罪行的答辩；

(ii) 如果起诉书未指控本段第 (i) 款中列明的罪行，则根据本条第 3 款或第 4 款提出的任何有罪答辩必须是对被告人需承担刑事责任的罪行的答辩，除非根据本段第 (iii) 款接受有罪答辩；

* (g) (iii) 如果起诉书未指控本段第 (i) 款中列明的罪行，地区检察官可以建议将案件移送至家事法院。在提出此类建议时，地区检察官应提交一份签署的备忘录，其中列明：

建议理由：认为将案件移送至家事法院最符合司法利益；以及具体因素：如果起诉书指控一名 13 岁的被告人犯下二级谋杀罪，或指控 14 岁或 15 岁的被告人犯下以下罪行：

根据刑法第 130.35 条第 1 款定义的一级强奸罪；

根据刑法第 130.50 条第 1 款定义的一级刑事性行为罪；

根据本章第 1.20 条第 41 款 (a) 项定义的武装重罪；

则需要列举至少一种合理支持该建议的具体因素，包括：

(i) 与犯罪实施方式直接相关的减轻情节；

(ii) 如果被告人不是犯罪的唯一参与者，其参与相对次要，但不至于构成无罪辩护理由；

(iii) 犯罪证据可能存在缺陷；

(iv) 如果被告人此前没有被裁定实施过《家事法院法》第 301.2 条第 8 款定义的指定重罪行为（无论犯罪时的年龄），并且犯罪行为不是犯罪行为模式的一部分，且鉴于被告人的历史，犯罪不太可能重复发生。

*注意：以上有效期至 2024 年 9 月 1 日。

* (iii) 如果起诉书未指控本段第 (i) 款中列明的罪行，地区检察官可以建议将案件移送至家事法院。在提出此类建议时，

地区检察官应提交一份签署的备忘录,其中列明:

建议理由:认为将案件移送至家事法院最符合司法利益;以及具体因素:如果起诉书指控一名13岁的被告人犯下二级谋杀罪,或指控14岁或15岁的被告人犯下以下罪行:

根据刑法第130.35条第1款、第2款（a）项和第3款（a）项定义的一级强奸罪;

根据刑法第130.35条第1款此前定义的一级强奸罪;

根据刑法第130.50条第1款此前定义的罪行;

根据本条第1.20条第41款（a）项定义的武装重罪;

则需要列举至少一种合理支持该建议的具体因素,包括:

(i) 与犯罪实施方式直接相关的减轻情节;

(ii) 如果被告人不是犯罪的唯一参与者,其参与相对次要,但不至于构成无罪辩护理由;

(iii) 犯罪证据可能存在缺陷;

(iv) 如果被告人此前没有被裁定实施过《家事法院法》第301.2条第8款定义的指定重罪行为（无论犯罪时的年龄）,并且犯罪行为不是犯罪行为模式的一部分,且鉴于被告人的历史,犯罪不太可能重复发生。

*注意:以上有效期自2024年9月1日起。

如果法院根据地区检察官备忘录中列明的具体因素认为,将案件移送至家事法院最符合司法利益,则根据本条第3款或第4款,可以提出对被告人不需承担刑事责任的罪行的辩护。但13岁的被告人若被指控犯下二级谋杀罪,仅可对《家事法院法》第301.2条第8款定义的指定重罪行为提出答辩。

在接受任何此类答辩时,法院必须在记录中明确说明其依据的地区检察官声明的部分,并说明其认为将案件移送至家事法院最符合司法利益的原因。此类答辩随后应被视为未成年人犯罪事实的裁定,并且法院在记录裁定后必须指示根据本章第 725 条的规定将案件移送至家事法院。

(g-1) 如果被告人是未成年人,本款 (a) (b) (c) (d) 的规定不适用。如果答辩涉及构成轻罪的犯罪,则答辩应被视为在少年犯罪程序中根据《家事法院法》第 346.1 条提出的事实认定,并应根据本法第 725 条的规定将案件移送至家事法院。如果答辩涉及构成重罪的犯罪,则法院可以根据第 722.23 条和第 725 条的规定将案件移送至家事法院。

(h) 如果起诉书指控了刑法第 240.32 条中定义的 E 级重罪,即被监禁人员对工作人员的严重骚扰罪,则有罪答辩必须至少包括对 E 级重罪的有罪答辩。

(6) 被告人可以在法院许可并得到控方同意的情况下,按照第 220.15 条的规定,对起诉书提出因精神疾病或缺陷免责的答辩。❶

至于纽约州具体限制哪些犯罪的指控降级,需结合刑法的规定。例如,关于犯 B 类暴力重罪且有前科的被告人认罪需认重罪,其所指的 B 类暴力重罪是指《纽约州刑法典》第 70.02 条的犯罪。

70.02 暴力重罪的定义。暴力重罪包括 B 类暴力重罪、C 类暴力重罪、D 类暴力重罪和 E 类暴力重罪,定义如下: (a) B 类暴力重罪:未遂一级重罪,包括第 125.25 条规定的二级谋杀,第 135.25 条规定的一级绑架,以及第 150.20 条规定的一级纵火;第 125.20 条规定的一级故意杀人,第 125.22 条规定的一级加重故意杀人,第 130.35 条规定的一级强奸,第 130.50 条曾定义的犯罪;

---

❶ New York Criminal Procedure Law § 220.10.

第 130.70 条规定的一级加重性虐待，第 130.75 条规定的对儿童性行为的一级性侵犯，第 120.10 条规定的一级袭击，第 135.20 条规定的二级绑架，第 140.30 条规定的一级入室盗窃，第 150.15 条规定的二级纵火，第 160.15 条规定的一级抢劫，第 230.34 条第 5 款（a）和（b）项规定的性贩卖，第 230.34-a 条规定的儿童性贩卖，第 255.27 条规定的一级乱伦，第 265.04 条规定的一级非法持有武器，第 265.09 条规定的一级非法使用枪支，第 265.13 条规定的一级非法出售枪支，第 120.11 条规定的对警官或治安官的加重袭击，第 120.07 条规定的一级团伙袭击，第 215.17 条规定的一级恐吓被害人或证人，第 490.35 条规定的一级妨碍恐怖主义起诉，第 490.40 条规定的二级非法持有化学武器或生物武器，第 490.47 条规定的三级非法使用化学武器或生物武器。❶

笔者认为，罪名及其分级给了检察官在认罪协商中的承诺空间和优势，但纽约州通过限制对罪名、罪等、轻重罪的认罪协商，限制过度降级指控，制约了检察官的裁量权，是对长期以来认罪协商可能会导致罚不当其罪，轻纵犯罪的批评的回应。

三、允许法官参与认罪协商

美国联邦及密西西比州、犹他州、怀俄明州等大多数州刑事诉讼规则明确禁止法官参与认罪协商。但在有的州，在检察官、辩护律师讨论认罪协议的过程中，法官可以参与讨论。

（一）法官须参与辩诉协商

《亚利桑那州刑事诉讼规则》17.4 有如下规定。其一，法官

---

❶ New York Penal Code § 70.02.

可依职权或应控辩一方的申请命令控辩双方协商。其二，审理本案的法官可在双方同意的情况下参与辩诉协商。其三，在所有其他情况下，辩诉协商必须在其他法官面前进行。

17.4-辩诉协商与协议。（a）辩诉协商。（1）一般规定：双方可就案件的所有方面进行协商并达成协议。（2）司法参与：在任何一方要求或法院自行决定的情况下，法官可以命令具有协商解决权限的律师❶参与以诚信为基础的讨论，以通过符合司法公正利益的方式解决案件。审理本案的法官只有在双方同意的情况下才能参与此讨论。在所有其他情况下，讨论必须在其他法官面前进行。如果协商讨论未达成协议，案件必须交回原审判法官。

可见，亚利桑那州与大部分州有所不同，法官对于辩诉协商的参与程度很高，更为积极主动，所有的辩诉协商都在法官面前进行，或者是应双方申请的本案法官，或者其他法官。作为对法官深度参与认罪协商的对应措施，亚利桑那州明确了当协议被法官拒绝时更换法官等规定。

（二）法官可参与导致认罪协议的讨论

2024年《夏威夷刑事诉讼规则》11（f）（1）允许法官参与控辩双方导致认罪协议的讨论。

（f）认罪协议。（1）概述。检察官和被告人的律师，或无律师情况下的被告人，可以达成认罪协议，依据该协议，在被告人对指控罪行或包括罪行或相关罪行认罪或不辩解后，检察官将采取某些行动或采取某些立场，包括撤销其他指控以及建议或不反对对提出答辩的罪行的具体量刑或处置。法官可以参与导致此类认罪协议的

---

❶ 笔者注：检察官和辩护律师。

讨论，并可以同意受其约束。[1]

《爱达荷州刑事法规则》第 11 条最新于 2019 年修订并生效，11（f）（2）规定了控辩双方的辩诉讨论以及法官可以参与导致认罪协议的讨论：(2) 法官可以参与导致此类认罪协议的讨论。[2]

（三）法官经一方或者双方请求并记录协商方可参与协商

如前文所述，《马萨诸塞州刑事诉讼规则》第 12 条于 2022 年修订生效，其 12（b）（2）规定："辩诉协商。应一方或双方的请求，如果协商被记录并成为案件记录的一部分，法官可以参与辩诉协商"。

长期以来，法官参与认罪协商的讨论备受关注。由于法官的最终审判权威，法官的意见对于控辩双方具有不可忽视甚至决定性的影响。法官参与认罪协商的讨论，如果认罪协商不成功或者法官拒绝协议或者被告人撤回认罪，种种复杂情境使得对法官的更换与回避制度的研讨更有必要。

---

[1] Hawaii Rules of Penal Procedure 11（f）（1）.
[2] Idaho Criminal Rule 11（f）（2）.

CHAPTER 03>> 第三章

作为认罪协商基础的检察裁量权

以美国为例,美国检察官体系由本国立法创设,其裁量权继受了英国传统,检察官的产生机制决定了其责任制。检察官在大多数情况下适当行使了诉权,但在某些情况下确属不当行使甚至滥用权力。检察官在具体案件中行使诉权,可能对某些人或群体没有任何明显的偏见,但检察官可能在不知不觉中对他人有先入为主的看法和偏见。检察官可能会作出其认为合理的认罪协商,可实际上是在偏见的情况下进行的认罪协商。这种情况下检察官可能滥用了裁量权,其本人甚至没有意识到这一点。因此关于检察裁量权的问题一直是理论研究的热点问题。

第一节 检察官体系与检察裁量权

1789 年《美国司法法》创设了联邦检察官和总检察长。美国检察裁量权理论既有继受于英国的撤诉传统，又有独立的发展，逐步演进为容忍差异、鼓励探索的联邦与州双层多元检察政策体系。

一、检察系统与检察官

1787 年《美国宪法》第 3 条规定的司法机关仅包括法院。1789 年华盛顿总统签署的《美国司法法》最后一段规定了联邦检察官和总检察长。

每个地区应任命一名精通法律的人士担任该地区的检察官，其应宣誓或确认忠实履行其职责，在该地区起诉所有根据联邦法可被认定的犯罪和违法行为的罪犯，以及所有与美国有关的民事诉讼，但最高法院所在地区的法院除外。他应按诉讼或起诉所在法院的收费标准收取报酬。此外，还应任命一位精通法律的人士担任美国总检察长，其应宣誓或确认忠实履行其职责；在最高法院起诉和处理与美国有关的所有诉讼，并在美国总统要求时，或在任何部长要求时，就可能涉及其所部任何事项的法律问题提供建议和意见，并应获得法定报酬。❶

1789 年《美国司法法》创建的总检察长（司法部长）由总统任命，但并未在总检察长之下设立执行部门来进行刑事起诉。该法还创建了联邦检察官，这些检察官直到近百年后的 1861 年才向总检察长报告工作。

地区检察官在履行各自职责的方式方面，由联邦总检察长进行总体监督和指导。❷

总检察长和联邦检察官的设立职责之一是公诉犯罪案件。为

---

❶ 1789 Judiciary Act.
❷ See The Confiscation Cases, 74 U. S. 454, 456-57 (1868).

履行其起诉犯罪的职责，检察官必须严格遵守无罪推定以免追诉无辜者，并在此基础上有广泛的自由裁量权。无罪推定基础上的检察裁量权是美国联邦刑事司法制度的中心组成部分。检察官决定起诉哪个案件，起诉哪个罪名，起诉哪些罪行，决定是否进行认罪协商，决定提出什么样的认罪提议，通过认罪协商决定绝大部分刑事案件被告人的命运。

美国的检察官体系不同于英国。英国由事务律师向出庭律师分案，出庭律师既可以作为辩护律师，也可以作为控诉律师，虽然《1985年刑事起诉法》（Prosecution of Offences Act 1985）创设了专职检察官，但目前大部分案件仍由出庭律师起诉。1789年《美国司法法》给了联邦检察官提起联邦刑事起诉的排他性权力，检察官垄断公诉。由政府垄断刑事起诉的国家不只有美国，但美国检察官裁量不起诉的范围看起来也比其他国家更广，如德国刑事诉讼法约束检察官在一年以上重罪案件中作出不起诉决定的权力。

二、检察裁量权的来源

美国联邦起诉的早期实践继承了英格兰的撤回起诉传统。在英格兰早期的历史阶段，英王任命的总检察长可以撤销进行中的私人起诉，所运用的程序机制叫作撤回起诉（nolle prosequi）。撤回起诉是行政程序，仅英王任命的总检察长可以用它来终结进行中的刑事起诉，并经常在英王的明确指示之下行使这一职权。因此，被撤销的往往是与皇家利益冲突的起诉。当总检察长决定撤回起诉，法院就会结束案件，不再进行任何进一步的审理。由于是出自王权的决定，即使当事人认为不当并反对撤诉，法院也不能进行司法审查。❶ 这成为美国检察官裁量权的最早理论来源。

三、检察裁量权的演变

美国最初由总统行使撤回起诉权（nol pros）终结公诉，经过几个发展阶段，演变为当前的起诉裁量权。

第一阶段，美国关于撤回起诉的公共讨论是在18世纪末，马歇尔为时任总统亚当斯辩解时坚持认为，总统有权裁量发布撤回起诉书；根据英国法律，法院无权审查或拒绝执行该命令；撤回起诉是行政特权，而不是司法权力。❷ 英国撤回起诉书属于不受审查的行政权有扎实的历史基础。马歇尔的讲话表明，美国早期的刑事诉讼程序继承和吸收了英国法律的原则，即行使撤回起诉权力不受司法审查的影响。但当时马歇尔仅主张总统享有这一权力，并不意味着他主张所有的检察官有权享有不受审查的撤回起诉权。

第二阶段，不仅是总统作出的决定不受审查，公诉检察官的撤回起诉也不受司法审查。在1868年，联邦最高法院在判决中明确指出："公诉案件在提交法院之前，由地区检察官全权负责，即使在提交法院之后，也在他的控制范围之内，他可以在陪审团组成之前的任何时候宣布中止诉讼，除非国会的某些法案另有规定。……根据普通法的规则，必须承认起诉方可以在诉讼的任何阶段放弃诉讼，并可以选择从法庭撤诉。"❸ 在这一时期，美国法院对检察官撤诉的裁量权采取了不干预的处理方法，促进了自由

---

❶ Abraham S. Goldstein, *The Passive Judiciary: Prosecutorial Discretion and the Guilty Plea*, Baton Rouge and London: Louisiana State University Press, 1981, p. 12.

❷ Ruth Wedgwood, The Revolutionary Martyrdom of Jonathan Robbins, 100 *Yale Law Journal* 229–237 (1990).

❸ See The Confiscation Cases, 74 U.S. 454, 456–57 (1868).

裁量权的扩大。

第三阶段是在20世纪初期，法院采纳了更广泛的检察自由裁量权观念，检察权分立理论在联邦判例法中得到了充分确立。检察官的自由裁量权摆脱了与英国撤回起诉传统的联系，检察权分立理论开始独立存在。从20世纪20年代开始的两个案例中，检察官的裁量权以权力分立学说而不再是撤回起诉的权力为基础，裁判中也不再提及撤回起诉，而是直言"联邦法院无权强迫检察官执行刑法，无论其不执行的理由是什么。对于这种不作为的补救措施在于行政人员，最后在于人民"[1]。至此，检察裁量权不受司法审查已是既定规则，不再援引英国传统和普通法传统来论证撤诉、不诉的正当性。要想限制检察裁量权，要么靠来自检察部门行政高层的命令，要么就要靠立法。

第四阶段是在1944年，美国联邦法院采纳了《美国联邦刑事诉讼规则》第48（a）条，该条规定"控方在经法院许可的情况下，可以撤回大陪审团起诉书、检察官起诉书或控告"。撤回起诉已不再是检察自由裁量权不受审查的来源，相反已经成为极少数需要司法审查的检察决定之一。但实际上，限制撤回起诉的立法效果并不显著，法官很少否认检察官提出的撤诉申请。[2] 在修订《美国联邦刑事诉讼规则》第48（a）条时，不受司法审查的检察权的理念在美国联邦判例法上已经确立，对于检察机关没有向法院提交大陪审团起诉书或者检察官起诉书的案件，法院没有司法审查权。

第五阶段是自1961年以来，检察官自由裁量权等词汇首次出

---

[1] Milliken v. Stone, 7 F. 2d 397 (S. D. N. Y. 1925).

[2] Abraham S. Goldstein, *The Passive Judiciary: Prosecutorial Discretion and the Guilty Plea*, Baton Rouge and London: Louisiana State University Press, 1981, p. 12.

现在美国联邦判例法上,"检察官在这些诉讼程序中声称,他有权根据不受任何限制的检察自由裁量权来执行该法规"❶。如今美国联邦和州使用这一术语的判决不胜枚举,检察官自由裁量权深深根植于当代美国判例法。在不同的州,行使裁量权撤回起诉的名称略有变化,其使刑事诉讼终结的本质与效力不变,如纽约州不使用传统的说法,而是称之为撤销起诉(dismissal)。

第二节 检察责任制及裁量权

除通过预审程序或大小陪审团程序受到无罪推定的严格限制外,美国检察官自由裁量权很少受到立法或司法监督。检察裁量权不仅在检察权力机构上获得宪法和立法机构的支持,而且在判例上获得法院的支持。在实践中,美国联邦和州的检察政策差异极大。州与联邦检察官的裁量权的差别在很大程度上来自检察官权力结构和责任制,也即检察官如何产生向谁负责,这会造成检察裁量权的差别。此外,本节还以代表严重犯罪的"三振出局法"为例,阐述选举产生的州检察官会顺应或者反映或者引导本地区的选民意愿,使检察政策具有地方性并具有检察官个性色彩,同时检察官也受到选民的极大限制。

一、检察官的产生机制与裁量权

州检察官隶属于州政府行政部门,负责办理州法院管辖的刑

---

❶ Poe v. Ullman, 367 U.S. 497, 530 (1961).

事案件。根据美国法律规定,这些检察官在决定是否起诉及如何起诉等方面拥有广泛的自由裁量权。首席检察官也被称为地区检察官、县检察官、州检察官,在刑事案件中代表本司法辖区,作为民选或任命的公职人员对公众负责。

(一) 产生州检察官的选举制影响裁量权

影响检察官政策制定的选举制值得研究。2020 年发布的一项研究成果考察了 2012—2017 年 45 个州 2314 个选区的选举结果,其中影响检察官选举竞争率的因素很多。

第一个影响检察官竞争率的因素是候选人人数。这可能与人口及人口分布有关。在 2300 多个州检察官办公室中,有 1700 多个人口不足 10 万的选区,人口超过 100 万的选区只有 43 个。因此,有很多地方的检察官选举不给选民任何选择,只有一个候选人或者没有候选人。在 2300 多个实行检察官选举制的辖区中,只有不到 700 个选区在选举周期内有两个或以上候选人。这意味着大多数检察官选举都没有竞争,但大多数选民住在更有可能给他们提供选择的地区。美国 1/4 以上的人口仅居住在 35 个检察官选区,而美国一半以上的人口生活在 147 个检察官选区。相比之下,最小的检察官辖区是内布拉斯加州的亚瑟,人口只有 460 人。在有的州如北达科他州只有 6% 的选举有两个及以上候选人,而夏威夷州则是 100% 有竞争。

第二个影响检察官候选人人数的因素是现任检察官是否决定竞选连任。如果是开放席位选举,即现任检察官不参加竞选,那么选民就更有可能在候选人之间作出选择。但当现任检察官竞选连任时,他或她往往是选举中唯一的候选人,即使不是唯一候选人,连选连任概率也高达 75%。关于其他影响因素各州均有所不同，如大多数州四年一选，也有的州二年、六年、八年一选，有的州在没有竞争候选人时不进行初选，而有的州在无竞争候选人时不举行大选。有三个州法允许县自行决定是选举制还是任命制，还有一个州规定了任期限制。❶

美国司法部在1990年、1992年、1994年、1996年、2001年、2005年、2007年对州检察官进行过调研统计，其中2001年、2007年是两次普查。本部分主要数据来自2007年对2330个州检察官办公室的普查，不包括市县检察官办公室，是目前最新的普查数据。❷ 当年检察工作总预算58亿美元，雇员近7.8万人，通过或定罪、无罪、撤诉或其他结案方式办结了290万件重罪案件，其中220万件定罪。通过陪审团裁决的重罪案件在各州检察官办公室很少见，平均占所有重罪案件处理量的3%，占百万及以上居民的办公室案件处理量的2%。

各检察官办公室所在地区的居民数从500人到990万人不等，占比74%的大多数检察官办公室所在地区人口不足10万人。15%的检察官办公室为兼职办公室，没有全职的首席检察官。州检察官的选区（85%）一般与州县的边界相对应。阿拉斯加州、特拉华州、康涅狄格州和罗得岛州只有一个州检察官办公室。

2007年，各州检察官办公室雇用了近7.8万名相当于全职的工作人员。其中，近2.5万名相当于全职的助理检察官，比2001年的普查人数增加了7%，助理检察官占检察官办公室工作人员总

---

❶ The Prosecutors and Politics Project of NCU Law School, National Study of Prosecutor Elections, Feburary 1 2020, https://law.unc.edu/wp-content/uploads/2020/01/National-Study-Prosecutor-Elections-2020.pdf.，2023年9月20日最后访问。

❷ U.S. Department of Justice, Office of Justice Programs, Bureau of Justice Statistics. 2007 National Census of State Court Prosecutors, Prosecutors in State Courts, 2007-Statistical Tables, https://bjs.ojp.gov/content/pub/pdf/psc07st.pdf.，2023年9月20日最后访问。

数的32%。百万人口及以上地区的检察官办公室平均雇用535名全职工作人员，其中包括187名助理检察官、31名监管律师、16名被害人权益维护人、51名调查人员和183名辅助人员，包括行政和文员在内的辅助人员占工作人员总数的33%。在10万人口及以下地区的全职办公室中，平均包括1名首席检察官、3名助理检察官、1名被害人权益维护人、1名法律服务人员、1名调查人员和3名辅助人员。

2007年，在所有全职办公室中，每位检察官的平均办案量为94起重罪案件，重罪案件一般是指一年监禁以上的案件。居民人数超过100万人的地区的检察官办公室平均审结了17 652起重罪案件，每审结一起重罪案件的预算成本为2792美元，计算方法是办事处2007年的预算总额除以办结的重罪案件数量。居民人数250 000到999 999人地区的办公室平均办结了4431起重罪案件。居民人数100 000至249 999人的地区的检察官平均每人办结121起重罪案件。百万人口以上的办公室平均有11 952起重罪案件定罪，100 000以下人口的全职办公室平均有315起重罪案件定罪。

2007年，各州首席检察官的平均任期为9年，平均年薪为98 000美元，最大办公室首席检察官的平均年薪为165 700美元，兼职首席检察官的平均年薪不到45 000美元。64%的首席检察官任职时间超过5年，38%的首席检察官任职时间超过10年。任职时间最长的检察官已任职42年。

助理检察官的平均年薪从兼职办公室初级助理检察官的33 460美元到百万人以上居民的办公室拥有6年及以上工作经验的助理检察官的108 434美元不等。

2007年，47%的检察官办公室受到过书面威胁、电话威胁、面对面威胁，或者有工作人员被殴打或攻击。约26%的办公室报告收到过书面威胁，32%接到过威胁电话，29%受到过面对面的口头威胁。约3%的办公室报告其一名工作人员曾被殴打或攻击。

2007年，百万级以上人口的大多数办公室（89%）都受到过威胁，250 000 至 999 999 名居民服务的大多数办公室（69%）也受到过威胁。自2001年以来，报告携带枪支的检察人员比例一直保持稳定。2007年，在人口100 000人或以上的办公室中，超过2/3 的办公室报告称首席检察官、助理检察官或工作人员调查人员携带枪支。报告有一名工作人员调查员携带枪支的办公室比例（34%）高于报告首席检察官（21%）或助理检察官（18%）携带枪支的办公室比例。在受到威胁的办公室中，报告称办公室58%的工作人员携带枪支，而在未受到威胁的办公室中，这一比例为37%。

州检察官办理重罪案件中较为经常的使用 DNA 证据。2007年，大多数检察官办公室（75%）在认罪协商或重罪审判中使用了 DNA 证据。大多数检察官办公室（84%）报告说，他们将 DNA 证据提交给实验室进行分析。大多数检察官办公室（80%）使用由州政府运营的法医实验室。在 2007 年向实验室提交过证据的州检察官办公室中，有一半以上（60%）的办公室报告称在收到 DNA 结果时出现了过度延迟。❶

（二）州检察官在犯罪激增背景下"不执法"的检察裁量政策受到选民质疑

总体上，州检察官要对选区的选民负责。选民的利益和喜好，

---

❶ 以上 2007 年的数据来源于：U. S. Department of Justice, Office of Justice Programs, Bureau of Justice Statistics. 2007 National Census of State Court Prosecutors, Prosecutors in State Courts, 2007-Statistical Tables, https://bjs. ojp. gov/content/pub/pdf/psc07st. pdf. , 2023 年 9 月 20 日最后访问。

以及投其所好的政治气氛或引导，不但决定着检察官的当选，影响到其连任，甚至一届任期能否完成也取决于其检察政策是否被选民和潜在的竞争对手接受。近年来，有些州的检察官采取激进改革的态势，以对某种类型案件制定不执法、不起诉政策的形式行使不起诉裁量权，是引人注目的检察裁量权行使模式。

自2021年至2024年，旧金山、阿拉米达等市县首席检察官因检察裁量权政策未能有效控制犯罪导致选民不满，先后被公投罢免。❶ 2019年11月，前副公设辩护人包致金（Chesa Boudin，又译为切萨·布丹）以50.2%的微弱多数当选旧金山检察官。包致金的父母在1981年在纽约市一起抢劫案中是司机，该案造成两名警察和一名保安身亡，其父母被判入狱数十年。其母于2003年获假释，2022年5月因癌症过世。其父2021年10月获假释。包致金毕业于耶鲁大学和牛津大学，竞选时就提到为了拥抱父母要走过金属探测器的痛苦，发誓要改革拆散家庭的刑事司法制度。

长期以来，旧金山的城市治安部门与近乎公开的毒品交易、损毁财产、盗窃汽车及车内财物、入室盗窃等犯罪激烈斗争。包致金在当选后改革刑事司法，寻求监禁之外的犯罪治理方式，停止使用金钱保释，实行自保释放，在部分毒品案、小偷小摸、商店盗窃等案件中以非刑事化措施分流替代刑罚，扩大适用刑事起诉的替代措施，制定对案件实行审前分流的检察政策。分流替代措施等同于在某些类型的案件中不适用刑罚从而对这些罪行不追究、不执法、不起诉。

但在新冠疫情暴发后，2021年旧金山打砸抢零售店和车辆的犯罪泛滥，针对亚裔的仇恨犯罪激增。2021年旧金山杀人案同比

---

❶ Thomas Hogan, Is the Era of Progressive Prosecutors Ending? *City Journal*, November 4, 2024.

增长16.7%,盗窃案件增长24.4%,总体犯罪案件增长13.6%。❶ 2022年,旧金山治安状况的恶化令人惊悚,犯罪率高达4938.4/100000,比全美国平均水平高110.5%,比加利福尼亚州平均水平高91.34%。❷ 2021年11月6日,在行驶于880号旧金山高速路上的车流中,一个23个月大的婴儿在睡梦中被流弹击中身亡,案件被连篇报道,当地居民普遍表示失去安全感,法律秩序受到犯罪的严重挑战和破坏。❸

在疫情影响经济社会、犯罪形势急剧恶化的背景下,包致金推动的检察改革被认为过于激进,置居民安全于度外。一些社会组织推动选民认为包致金宽松的起诉政策不足以打击猖狂的犯罪,危及旧金山的安全,从而启动罢免程序。加利福尼亚州罢免程序启动于向被罢免人发出罢免意向通知书,通知书需要10位居民签名、写明被罢免官员姓名及200字以内罢免理由。罢免意向通知书被递交市书记员后,书记员在至少3个公共场所发布通知。被罢免人收到通知后有7天时间发表辩护声明。该次旧金山检察官罢免于2021年4月28日提交罢免意向通知书,5月17日旧金山选举部批准发布申请书来征集签名,截至10月25日共征集到8.3万个签名,超出所要求的51 325个。11月9日选举部对签名总数的5%抽查后,确定签名有效,将罢免选举列入日程。该次是第二次罢免包致金,首次罢免启动于3月,因未征集到法定签名数而失败。罢免程序由一些社会组织推动,支持包致金的社会组织与

---

❶ San Francisco Police, Crime Data, https://www.sanfranciscopolice.org/stay-safe/crime-data/crime-dashboard, 2023年9月20日最后访问。

❷ San Francisco Police Department, Crime Data, 2022.

❸ Adams A. Toddler Dies After Being Shot in the Head by Possible "Stray Bullet" in Oakland. People, November 7, 2021, https://people.com/crime/oakland-boy-dies-shot-in-the-head-stray-bullet-car-highway-shooting/, 2023年9月20日最后访问。

前者对立，二者都接受捐赠并公开相关捐赠与支出数据，如表 3-1 所示。❶

表 3-1　罢免旧金山检察官中的相关社会组织及捐助金额

分类	组织名称	受赠/$	支出/$
支持罢免的组织	旧金山发展联盟	未知	7446
	支持罢免包致金的旧金山公共安全人士	5 743 273	3 158 803
	旧金山常识选民指南，支持罢免包致金	223 615	210 490
	禁止仇恨亚裔，支持罢免包致金，邻居支持更美好的旧金山	150 000	134 893
	支持罢免包致金委员会	318 796	254 108
反对罢免的组织	北加州反对罢免包致金委员会	350 000	240 876
	加州护士协会、全国护士组织委员会	未知	47 004
	反对罢免包致金之友	1 948 889	924 736
	反对罢免包致金的旧金山人，由真正正义 PAC 发起	371 886	320 500
	租户和家庭联合起来反对罢免包致金，由赋权政治中心赞助	180 000	2464

资料来源：Chesa Boudin Recall, San Francisco, California（2021-2022），https://ballotpedia.org/Chesa_Boudin_recall,_San_Francisco,_California_(2021-2022)，2023 年 9 月 20 日最后访问。

如表 3-1 所示，2022 年 6 月 7 日，包致金在罢免选举中以 55%的多数票被选民罢免，选举票共 222 765 张。罢免意向通知书提出：其对刑事司法改革和警察责任追究不力，其治下的旧金山陷入安全危机；入室盗窃、砸车破窗、杀人及毒品过量的死亡数高发到危机水平；在刑事司法改革上，其对罪犯的起诉不充分，

---

❶ Chesa Boudin Recall, San Francisco, California（2021-2022），https://ballotpedia.org/Chesa_Boudin_recall,_San_Francisco,_California_(2021-2022)，2023 年 9 月 20 日最后访问。

不起诉无被害人的酒驾犯罪，也不起诉盗窃汽车并撞死两个行人的醉驾惯犯；其违背严厉打击性侵犯罪的承诺，询问性侵案件被害人如何能与被告人和解；其对在警民冲突中造成平民丧生的三起案件，未起诉任何涉案警察。包致金提出的自我辩护理由是：这是政治性罢免，其改革是为了避免旧模式下对犯罪根源的忽视，避免造成大规模监禁，其在任上强化对被害人的支持，追究实施不必要暴力的警察的责任，设立独立的无辜者委员会，设立经济犯罪部门以保护工人权利等。❶

罢免包致金后，2022年7月，旧金山市长提名甄金思（Brooke Jenkins）临时就任检察官。其自2014年至2021年的检察官职业生涯中，曾在仇恨犯罪部门工作，曾领导性侵、凶杀等部门，共办理25起陪审团审判案件和100起预审案件，2021年10月因不满宽松的检察起诉政策而辞职。其于2023年1月8日宣誓就任第31任检察官。旧金山检察官办公室官方网页强调了甄金思追求正义、为被害人争取权益、努力使旧金山更安全的个人追求。同时，检察官办公室致力于让犯罪人有机会解决其犯罪的根本原因，并可获得第二次机会，优先创新改造矫正计划，加强对努力改变开始新生的罪犯的监外教养计划等。❷

紧随旧金山检察官包致金被罢免，加利福尼亚州洛杉矶联署要求启动罢免程序，罢免第43任检察官乔治·贾思孔。1850年成立的洛杉矶县检察官办公室每四年改选一次，为美国最大检察官办公室，有近1000个助理检察官或称副检察官，还有300名治安

---

❶ Nelson LJ, Queally J, Sosa A, San Francisco Voters Recall Progressive D. A. Boudin, *LA Times*, June 7, 2022.

❷ San Francisco District Attorney. About us, https://sfdistrictattorney.org/about-us/, 2023年9月20日最后访问。

官又称检察调查人员,负责查找和处理证人,并进行审前补充调查,以帮助加强检方的证据,在某些案件中,如涉及官员腐败的案件,开展独立调查。该办公室另有 800 余名行政人员。该县有千万人口,人口数量超过了 45 个州。乔治·贾思孔于 2020 年以 54% 的超 200 万张选票当选,其之前 4 任检察官均任期 8~12 年。据报道 98% 的下级检察官反对乔治·贾思孔,2022 年 8 月该选区组织了罢免检察官的联署,约有 50 万选民签字,离法定人数还差 23 万人,未能进行下一步的罢免公投程序。❶ 乔治·贾思孔曾任旧金山检察官,是包致金的前任检察官,乔治·贾思孔受到抵制的理由与包致金类似,被认为其起诉犯罪不力,如对性侵、入室盗窃等犯罪不予追诉而是进行非诉讼分流等。

  包致金任期首年的 2020 年,旧金山犯罪案件总数下降了 22.8%,抢劫案下降了 22.2%,强奸案下降了 43.3%,盗窃案下降了 38.8%。❷ 若非新冠疫情导致的社会危机及治安形势失控,包致金未必能被成功罢免。其被罢免一年后,2023 年 4 月 8 日,在加利福尼亚州苗必达附近 880 号高速路上行驶中的车流里,一辆车上的 5 岁女孩被流弹击中不治身亡❸;9 月 15 日晚 9 时,奥克兰一名 42 岁的两孩妈妈在家睡梦中被街上射来穿墙而入的流弹击

---

❶ Ryan Lizza, LA Wants to Recall Its Most Progressive Prosecutor. Inside the DA's hostile office. 15 July, 2022. https://www.politico.com/news/2022/07/15/george-gascon-deep-dive-00045603, 2023 年 9 月 20 日最后访问。

❷ San Francisco Police, Crime Data, https://www.sanfranciscopolice.org/stay-safe/crime-data/crime-dashboard, 2023 年 9 月 20 日最后访问。

❸ 5-year-old Girl Fatally Shot on San Francisco Highway, *Fox News*, April 10, 2023, https://www.foxnews.com/us/5-year-old-girl-fatally-shot-san-francisco-highway, 2023 年 9 月 20 日最后访问。

中身亡。❶ 媒体连篇累牍报道案件前因后果，围绕治安形势采访居民对城市安全感的看法。治安状况对起诉政策改革造成的冲击可见一斑。

有人认为，投票率低的罢免程序容易被特殊利益集团所左右，而且是在加利福尼亚州暴力犯罪激增使选民深感沮丧和创伤的时候。越来越多的人认识到，地方检察官高喊口号以强硬手段打击犯罪，并不能带来更安全的社区，以更自由的方式处理刑事司法问题的运动正在发展壮大。❷ 另有评论：

加利福尼亚州宪法中的罢免条款允许选民组织起来，在官员任期结束前将其罢免，几乎没有任何实质性的程序限制。自1911年以来，选民们一直利用这一权力来"表达他们对民选代表的不满"，这种不满强烈到选民无法等到下次选举。包致金曾是旧金山公共辩护人的副手，以进步的检察理念获得胜选。虽然不是正式定义的流派的一部分，但进步派检察官以利用检察自由裁量权减少大规模监禁和使刑事司法过程更加公平而著称。在包致金承诺领导一个普遍反监禁的检察官办公室，实施预审分流和更短的刑期等改革后，选民们选上了他。包致金还承诺不追究"生活质量犯罪"❸，这最初是一条流行的竞选口号，但最终引发了争议。一旦当选，包致金就开始兑现这些承诺，几乎废除了现金保释，重

---

❶ Cornell Barnard, Oakland Neighbours Demand Safety, Accountability after Stray Bullet Kills Mother of 2, *ABC News*, September 17, 2023. https://abc7news.com/oakland–shooting–deadly–38th–avenue–and–masterson–street–mother–dies/13793650/，2023年9月20日最后访问。

❷ Janie Har, San Francisco Recalls Progressive Prosecutor Chesa Boudin, *PBS*, June 8, 2022. https://www.pbs.org/newshour/politics/san-francisco-recalls-progressive-prosecutor-chesa-boudin，2023年9月20日最后访问。

❸ 生活质量犯罪定义为将贫困和无家可归状态刑事化，包括在公共场所露营、卖淫、在公共场所小便、阻碍人行道等行为。

新评估可能的错误定罪，并增加了审前分流。

虽然旧金山绝大多数左倾的选民最初支持进步的检察理念，但随着新冠疫情到来，公众舆论开始转变。当美国各地的人们都待在家里时，全国新闻媒体播放了人们从旧金山零售店偷窃的监控录像。从2020年到2021年，盗窃罪的发生率大幅增加，多次高调的有组织盗窃事件成为全国新闻头条。这些趋势导致人们对包致金的政策，尤其是他不起诉生活质量犯罪的承诺，产生了广泛的挫败感，一些选民认为这给了犯罪者一张免罪牌。

与此同时，多起针对亚裔老年人的袭击事件引发了当地和全国的愤怒，其中多起事件被视频记录下来。旧金山市民认为，包致金的分流和宽松起诉政策对这些种族主义犯罪的"迟来正义"负有特别责任。旧金山警察局报告了反亚裔仇恨犯罪的"显著"上升，进一步激怒了公众对包致金宽松政策的愤怒。同样的政策，在竞选过程中被吹捧为应对犯罪的最佳进步回应，但在公民关注这些可见的犯罪后，却变成了政治灾难。几周之内，超过一万人签署请愿书，要求旧金山市长伦敦·布里德和包致金因对犯罪率上升的无能为力而辞职。最初反对包致金当选地区检察官的联盟，与投资者、两党政客、小企业主和亚裔美国人社区组织者联合起来，努力发起罢免选举。包致金没有因为公众的不满而改变政策，而是发表声明，阐述了选民对犯罪的看法与实际犯罪统计数据之间的差距：暴力犯罪减少，被逮捕"解决"的犯罪增加。

这些情况的汇合使罢免运动获得了动力。……

包致金的罢免选举与当初的选举投票率相当，被比当选的选票还要多很多的选票罢免，引发了当地和全国关于他的政策的讨论。旧金山官员迅速向选民和观众保证，这不是旧金山进步检察政策的终结，他们很可能是正确的——根据旧金山的罢免规则，左倾的市长布里德负责任命包致金的继任者。包致金的支持者认为，他是金钱实力雄厚的外部利益集团有针对性的政治攻击的受害者，并声称罢免并不真正反映旧金山人的意愿。

撇开美国进步检察的优点不谈，包致金在旧金山本地法律下的罢免反映了不再支持他检察政策的合法的民主多数的意愿。❶

二、联邦起诉政策与裁量权

与州检察官相比，联邦检察官是另外一番景象。美国联邦检察官裁量权随着历史发展和两党权力交接更替而变动。联邦重罪案件仅占美国重罪案件的不到10%。联邦起诉政策最重要且最具争议的是一项一般指示，要求所有联邦检察官针对最严重的可证明罪行对所有被告人进行起诉。❷ 美国司法部历来重视检察官个人能力和作用，正如美国司法部原部长西维莱蒂在《联邦检察原则》第一版序言中所说："虽然这些原则对于我们联邦检察系统的正常运作很重要，但该系统的成功最终必须依赖于那些在联邦刑事司法程序中代表公共利益的男女检察官的品格、诚信、敏感性及能力。"❸

（一）总检察长备忘录统一联邦起诉政策

美国联邦检察官是总统领导的行政部门的组成部分，这种权力结构提供了一个统一检察政策的框架，可以集中实施一些统一

---

❶ Recent Election-State Election Law-Recall Process-San Francisco District Attorney Chesa Boudin Recalled, 136 *Harvard Law Review* 1740（2023）.

❷ See Kate Stith, The Arc of the Pendulum: Judges, Prosecutors, and the Exercise of Discretion, 117 *Yale Law Journal* 1420, 1440-42（2008）.

❸ JM 9-27.001.

适用于联邦的起诉政策和程序。总检察长在任上会发布关于起诉政策的备忘录或指南，对检察官进行指导。在内容上，备忘录会重申起诉的重要原则，同时提出总检察长个性化的政策和资源分配重点。总检察长指南的效力高于司法部发布的检察官手册，又称司法手册，司法部会根据总检察长备忘录修订检察官手册。但这些备忘录中包含的政策及据此通过的内部办案程序仅供指导联邦检察官，无意创设可依法强制执行的实体或程序权利或利益，并且不得被任一方当事人据以提起针对联邦的诉讼。❶

美国总检察长通过发布备忘录的方式力图统一联邦起诉政策。关于检察官裁量权，以及是否要起诉每起有证据证明的罪行及其行为人，一直以来就有认识认为，"刑事司法的目的不是惩罚每个犯罪的人"❷。当时美国司法部部长杰克逊认为："哪怕司法部假装对所有可能违反联邦法律的行为都进行调查，那么其现有人员的十倍都不够用了。……实际上，每个检察官要做的就是选择起诉的案件，选择最公然、对公众危害最大、证据最确凿的犯罪案件。"❸"在［检察官考虑的要素］中最重要的是确定对犯罪者的起诉是必要的还是过度的，或者可不可以不那么痛苦地实现刑法的目标。因为在这些情况下，刑事处罚'在社会上是不明智的'。"❹

1. 2022 年总检察长备忘录

2022 年 12 月 16 日，美国司法部部长梅里克·加兰（Merrick Garland）发布了"有关起诉、认罪和量刑的一般政策"备忘录

---

❶ JM § 9-27.150; United States v. Caceres, 440 U. S. 741 (1979).

❷❸ See Robert H. Jackson, The Federal Prosecutor, 31 *Journal of Criminal Law & Criminology* 3, 5 (1940).

❹ Pugach v. Klein, 193 F. Supp. 630, 634 (SDNY 1961).

(以下简称"一般备忘录")和"有关毒品犯罪起诉、认罪和量刑的补充政策"备忘录(以下简称"补充备忘录")两个文件[1],这两个文件是司法部为联邦检察官提供的新指导。备忘录体现了在白领和企业犯罪高发的刑事执法背景下更为温和的起诉政策,对刑事被告人案件处理可能带来和缓化的影响。

(1)一般备忘录。

一般备忘录指出,美国司法系统赋予联邦检察官巨大的责任,并赋予他们"执行国家刑法的'广泛自由裁量权'"[2]。合理地行使这种自由裁量权可以促进法律的公平、公正和有效实施。在每一个案件中,检察官都必须"对具体起诉适合案件具体情况、符合联邦刑法的目的,以及最大程度地发挥运用联邦资源控制犯罪的作用进行个性化评估"[3]。考虑到检察官的自由裁量权极为广泛,其行使也不能不受限制。四十多年来,《联邦起诉原则》提供的指导有助于确保合理行使检察自由裁量权。这些原则旨在帮助实现"没有管制的规律性,在不牺牲必要灵活性的情况下防止不必要的差异"[4]。一般备忘录重申这些基本原则提供的核心指导,同时宣布了新的政策,并重申了司法部会将检察资源集中用于打击暴力犯罪,而打击暴力犯罪是联邦检察政策的优先事项。

第一,起诉的门槛。《联邦起诉原则》长期以来的门槛要求是,除非可采证据很可能足以获得有罪判决并维持定罪,否则检

---

[1] The attorney General, Memorandum for All Federal Prosecutors. Additional Deparment Policies Regarding Charging, Pleas, And Sentencing in Drug Cases, December 16, https://www.justice.gov/media/1265321/dl?inline,2024年7月10日最后访问。

[2] United States v. Armstrong, 517 U. S. 456, 464 (1996).

[3] JM § 9-27.400.

[4] Benjamin R. Civiletti, Preface, U. S. Department of Justice, Principles of Federal Prosecution at i, July 28 1980, https://www.ojp.gov/pdffiles1/Digitization/78342NCJRS.pdf,2023年9月20日最后访问。

察官不得起诉。❶ 检察官必须相信，经过公正的事实审，在排除合理怀疑的证明标准下，被告人更有可能被判有罪，并且上诉审将维持原判。

即使满足了门槛要求，如果起诉不符合实质性的联邦利益，或者被告人受到可充分替代联邦检察官起诉的处遇，检察官也不应起诉。❷ 在确定起诉是否符合实质性的联邦利益时，检察官应权衡所有相关的考虑因素，包括：联邦执法的优先事项；罪行的性质和严重性；起诉的威慑作用；被告人与犯罪行为有关的罪责；被告人的犯罪历史；被告人是否愿意配合调查或起诉他人；被告人的个人情况；每个被害人的利益；如果被告人被定罪，可能的量刑或其他后果。❸

在确定是否有适当的联邦起诉替代方案时，检察官应考虑该人是否受到州、地方、地区或部落政府的有效起诉❹，或者是否存在适当的非刑事方案替代起诉❺，后者可能包括联邦或州民事或行政补救赔偿措施，或审前分流❻。每个地区都应制定适当的审前分流政策。

有些因素属于不允许检察官考虑的因素。即在决定是否起诉时，检察官不得受到以下因素的影响：人的种族、族裔、宗教、国籍、性别或性取向；或政治结社活动或信仰；或检察官的个人感情及自身利益。❼ 检察官不得仅仅为了向被告人施加影响、诱导

---

❶ JM § 9-27.200.
❷ JM § 9-27.220.
❸ JM § 9-97.230.
❹ JM § 9-27.240.
❺ JM § 9-27.250.
❻ JM § 9-27.250；§9-22.000.
❼ JM § 9-27.260.

其认罪而起诉或者选择起诉罪行。

第二，关于选择起诉。检察官一旦确定已满足上述要求，必须选择最合适的罪行予以起诉，通常包括"［被告人］行为所包含的最严重的罪行，并且可能会导致可维持的定罪"❶。然而，当1980年采用这个标准时，仅有"罕见的联邦犯罪［具有］强制性最低刑"，并且美国尚未颁布联邦量刑指南。当下具有强制性最低刑的法定犯罪很常见❷，这些规定也推动了类似罪行的量刑水平。

因此，检察官在选择适当的罪名时，应当考虑这些罪名的量刑后果是否会产生"与被告人行为的严重程度相称"的结果，以及该罪名是否达到刑法惩罚犯罪、保护公众、特殊和一般预防以及犯罪人复归社会的目标。❸ 此类决定应基于对每个具体案件的所有事实和情况的个性化评估。任何起诉的目标都是"充分但不超过必要"的制裁❹，以满足这些考虑因素的要求。

第三，关于强制性最低刑。强制性最低刑条款的激增往往导

---

❶ Benjamin R. Civiletti, U.S. Department of Justice, Principles of Federal Prosecution at C1, July 28 1980, https://www.ojp.gov/pdffiles1/Digitization/78342NCJRS.pdf, 2023年9月20日最后访问。

❷ 美国的强制性最低刑法根据《1986年反药物滥用法》进行了重大修订，该法的重点是解决美国日益严重的药物滥用问题。《1986年反药物滥用法》规定以毒品数量确定最低刑期，对于涉及1克迷幻剂、5克快克、10克五氯苯酚、10克甲基苯丙胺、500克可卡因、100克海洛因、100千克或100株大麻及其他毒品的毒品犯罪，最低刑期为5年，不得假释。对于涉及10克迷幻剂、50克快克、100克甲基苯丙胺、100克五氯苯酚、1000克海洛因、1000千克或1000株大麻及其他毒品的毒品犯罪，最低刑期为10年监禁，不得假释。联邦毒品法还对与毒品有关的犯罪规定了较长的最高刑期，对某些数量的毒品可判处长达40年的监禁，对更大数量的毒品可判处终身监禁。两项联邦枪支法规也规定了强制性最低刑，可适用于被告人进行联邦毒品犯罪涉嫌使用或持有枪支的案件。

❸ Janet Reno, Blue Sheet on Charging and Plea Decisions, at 1-2 (May 1, 1994).

❹ 18 U.S.C. § 3553 (a).

致量刑不当和刑罚过重。❶ 2022 年度向美国联邦量刑委员会报告的 64 142 个案件中，占 16.7% 的 18 371 个案件有强制性最低刑。❷ 在其他罪行不足以反映被告人犯罪行为的严重性、对社会的危害、对被害人的伤害等考虑因素的情况下，通常应起诉对被告人判处强制性最低刑的罪名。检察官在行使其自由裁量权并与主管检察官讨论时，应确定其余罪名是否确实能够反映被告人行为的严重性和对社会的危害，并产生"足以"满足上述考虑因素的刑罚结果。一般来说，是否作出法定加重刑罚的起诉决定应遵循与强制性最低刑相同的原则。

在某些情况下，确保忠实执法的责任会要求检察官起诉判处强制性最低刑的罪行，特别是在其他罪行不足以反映被告人行为的严重性、被告人的社会危险性或有其他重要的联邦利益的情况下。例如，对于实施或威胁实施暴力犯罪或指示他人实施暴力犯罪的被告人而言，可能强制性最低刑就是适当的。司法部的政策要求检察官始终对法院、缓刑办公室和公众坦诚地说明被告人的全部行为和罪责，案卷中的犯罪事实和证据完整无缺，无论起诉书是否包含此类具体内容。

第四，关于起诉决定的审查、记录、批准和评估。为了确保一致性和问责制，起诉和认罪协议的决定必须由主管检察官审查。除最常规的起诉书外，所有起诉书都应附有起诉备忘录，其中要确定有证据和法律支持的起诉选项，并解释起诉决定。每个联邦检察官办公室和司法部诉讼部门必须颁布书面指南，描述其起诉

---

❶ See Statement of the Judicial Conference of the United States before the House Judiciary Committee, at 5, 10 (July 11, 2014).

❷ United States Sentencing Commission, Mandatory Minimum Penalties, FY 2019 through FY 2023 Datafiles, USSCFY19 – USSCFY23, https://www.ussc.gov/research/quick-facts/mandatory-minimum-penalties, 2023 年 9 月 20 日最后访问。

书和认罪协议的内部审查流程。❶

任何在起诉书或认罪协议中提出强制性最低刑的决定也必须获得监管部门的批准。诉讼部门的每位联邦检察官和助理检察长必须确定并指定对包含强制性最低刑的起诉书和认罪协议的适当监督审查级别,该级别不得低于科长或同等级别。美国司法部将开发一个软件程序,使各地区和诉讼部门能够实时追踪报告该部门提出的所有包括强制性最低刑的起诉。在此之前,每个联邦检察官办公室和诉讼部门必须每半年向联邦检察官执行办公室报告包含强制性最低刑的起诉书和认罪协议的数量和百分比。

第五,在起诉后,检察官仍应持续履行评估案件和证据的义务。如果检察官认为由于证据发生变化或其他原因,起诉的罪行不再容易证明或不再适当,检察官应根据诉讼部门的书面政策和联邦起诉原则撤回这些指控。

第六,关于认罪协议。检察官签订认罪协议需考虑与上述起诉决定相同的基本因素。起诉不应只是为了施加影响力以诱导认罪;也不应为了达成不能反映被告人行为严重性的认罪协商而放弃起诉。每个地区和诉讼部门必须颁布有关认罪协议中所需标准要素的书面指南,包括对被告人的弃权。

第七,关于量刑建议。国会在《美国法典》第 18 编第 3553(a)条确定了法院在判处刑罚时必须考虑的因素。检察官应以其为指导考虑同样的因素,并应按照该条的规定,寻求充分但不超过必要的刑罚,以达成以下目标:反映罪行的严重性,促进对法律的尊重,并对犯罪行为给予公正的惩罚,对犯罪行为进行足够的威慑;保护公众免受被告人再犯罪的影响;并为被告人提供必

---

❶ JM § 9-27.300.

要的矫正。❶ 检察官还应考虑有必要避免对具有类似记录、被判犯有类似罪行的被告人产生无根据的量刑差异,并为犯罪行为的每个被害人提供赔偿。❷ 在每个案件中,检察官应根据对犯罪性质和情节及被告人犯罪历史和特征的个性化评估提出量刑建议。❸

在许多案件中,如果这些因素之间的适当平衡能够在量刑指南的范围内建议量刑,检察官一般应继续主张在该范围内量刑。检察官应考虑指南中的偏离条款是否适当,如果适当,应相应地予以适用。检察官在提出量刑建议时,必须充分、准确地向法庭提示所有已知的相关事实和犯罪历史,并解释为什么为了司法利益之需要而提出此量刑建议。

虽然《美国联邦量刑指南》鼓励整个联邦系统统一、一致的适用指南,但检察官应该考虑根据量刑指南得出的刑期是否与被告人行为的严重性成正比,并能实现第3553条中阐述的刑事量刑目的。根据对案件事实和情节的个性化评估,检察官可能会得出结论,偏离或超出或低于量刑指南的量刑是有道理的。所有关于偏离或差异(向上偏重或向下偏轻)的检察量刑建议都必须有具体和可阐明的因素的支持,并记录在案卷中。向上偏离的偏重量刑建议应得到主管检察官的批准。

第八,关于培训、实施和效力。每个地区和诉讼部门必须为其检察官提供有关本备忘录和随附的毒品案件备忘录中规定的起诉、认罪和量刑政策及地区或部门制定的任何其他政策的培训。被选来审查自由裁量权的主管检察官应该是技术精湛、经验丰富的检察官,他们完全熟悉部门和地区的政策、优先事项和做法。

---

❶ 18 U.S.C. § 3553 (a).
❷ 18 U.S.C. § 3553 (a) (6) (7).
❸ 18 U.S.C. § 3553 (a) (1); JM § 9-27.730.

所有针对地区或部门的政策都必须随时可供检察官查阅使用，并与联邦检察官执行办公室共享。

在作出有关起诉、认罪协议和量刑建议的决定时，检察官还必须牢记《被害人权利和赔偿法》❶《刑事被害人权利法》（the Crime Victims' Rights Act)❷《总检察长被害人和证人援助准则》以及其他相关部门的政策和程序所规定的对被害人的义务。

一般备忘录及随附的有关毒品案件的备忘录取代之前有关起诉、认罪和量刑政策的备忘录。副总检察长将监督这些备忘录的实施，并酌情发布进一步的指导。副总检察长还将审查修订司法部检察官手册的第9章与第27章，使相关条款符合为细化这些备忘录而制定的政策。在修订前，检察官手册与本备忘录中的政策冲突的条款无效，应适用一般备忘录。

第九，关于溯及力及是否适用于待决案件。一般备忘录及随附的有关毒品案件的备忘录中规定的政策适用于在这些备忘录发布后30天内提起的所有公诉。如果在备忘录生效之前已经提出公诉，地方法院在量刑审理后尚未作出最终量刑，则对此类案件应参考备忘录中所载的政策。鼓励检察官在具体情况下，即检察官在根据所涉及的联邦利益酌情认为适当的情况下，采取措施使起诉书、认罪协议和量刑尽可能符合备忘录的起诉政策。此外，如果被告人在提起法定加重刑罚的公诉后已被定罪，且与这些政策不一致，检察官应在量刑前撤回起诉书中关于适用加重量刑的量刑建议。备忘录的检察政策不适用于地区法院已宣判作出最终量刑的案件。

（2）补充备忘录。

补充备忘录提出了有关毒品案件起诉、认罪和量刑的具体政

---

❶ Victims' Rights and Restitution Act, 34 U.S.C. § 20141.
❷ 18 U.S.C. § 3771.

策,包括强制性最低刑,修改了 2013 年关于毒品案件的备忘录,对毒品犯罪的起诉更宽缓。这与司法部将检察资源集中于打击暴力犯罪的优先级相一致。该备忘录重申了司法部的长期政策,即除非可采证据很可能足以获得有罪判决,并且定罪将在上诉中得到维持,否则检察官不得起诉。然而,即使达到证据要求,如果不符合"实质性联邦利益"或有足够的起诉替代方案,也不应起诉。

第一,关于起诉、认罪协议、强制性最低刑。补充备忘录再次强调,在根据毒品类型和数量适用《美国法典》第 21 编强制性最低刑的案件中,如果被告人满足以下所有标准,检察官应拒绝起诉触发强制性最低刑所需的毒品数量。①被告人的相关行为不涉及使用暴力、指示他人使用暴力、可信的暴力威胁、持有武器、向未成年人贩运或与未成年人一起贩运毒品或造成他人死亡或严重身体伤害的;被告人在大量毒品贩运中没有担任重要的管理角色。②被告人与大型犯罪组织、卡特尔、暴力团伙没有重大关系;③被告人没有使用或威胁使用暴力、多次亲自参与分发大量非法毒品或持有非法枪支的重大犯罪历史。

在进行上述评估时,检察官应考虑是否满足上述标准,而不考虑被告人是否有资格根据安全阀条款不适用强制性最低刑,如《美国法典》第 18 编第 3553(f)条❶属于不适用强制性最低刑的毒品犯罪安全阀条款,第 3553(e)条规定被告人向控方提供实质性帮助也属于不适用强制性最低刑的安全阀条款。

如果检察官确定被告人满足以上标准中的部分而非全部,检

---

❶ 强制性最低刑在以下案件中不适用:(1)被告人没有下列情形:(A)根据量刑指南确定的犯罪历史分数超过 4 分,不包括 1 分犯罪的犯罪历史分数;(B)根据量刑指南,曾有 3 分的犯罪记录;及(C)根据量刑指南确定的 2 分暴力犯罪前科;(2)被告人在犯罪过程中没有使用暴力或可信的暴力威胁,也没有持有枪支或其他危险武器(或诱使其他参与者这样做);(3)罪行没有造成任何人死亡或严重身体伤害;

察官不应自动起诉触发强制性最低刑所需的毒品数量,而应权衡本备忘录和一般政策备忘录中提出的考虑因素,通过行使自由裁量权并与主管检察官协商,慎重确定根据具有强制性最低刑的第21编起诉是否适当。

根据一般备忘录的规定,任何在起诉文件或认罪协议中纳入强制性最低刑的决定,都必须得到总检察长或助理总检察长为相关诉讼部门指定的主管检察官的批准。

第二,关于累犯加重刑罚。在决定是否根据《美国法典》第21编第851条提交要求加重处罚的起诉时,毒品案件检察官应遵循与上述强制性最低刑相同的起诉标准,以及该起诉是否会造成重大且无根据的后果,是否会造成与同等或罪行更重的同案被告人的量刑差异。鼓励检察官在案件起诉时或起诉后尽快作出关于第851条的决定。

检察官不应仅仅为了发挥影响力诱导认罪或因为被告人不认罪选择行使陪审团审判权而在起诉中提请适用第851条加重刑罚条款。

第三,关于量刑建议。在某些案件中,依据《美国联邦量刑指南》提出的量刑建议可能无法"与被告人行为的严重性成比例"或无法"达到美国法典第18编第3553(a)条中阐明的刑事量刑目的"。在以下这些案件中,检察官可能会认为,超出或低于

(接上页注)
(4)根据量刑指南,被告人在犯罪中不是组织者、领导者、管理者或监督者,也没有参与《管制物质法》第408条所定义的持续犯罪团伙;以及 (5) 不迟于量刑听证时,被告人已向控方如实提供其所掌握的与属于同一行为或共同策划的一项或多项犯罪有关的所有信息和证据,但即使被告人没有相关或有用的其他信息可提供,或控方已知晓这些信息,也不妨碍法院裁定被告人已遵行这一要求。被告人根据本款披露的信息不得用于加重对被告人的刑罚,除非该信息与暴力犯罪有关。

量刑指南的量刑是合理的。

①在某些案件中，量刑指南未能充分反映被告人的罪行和罪责：有时，对大型贩毒组织中的底层销售人员的相关行为可能会根据量刑指南对较大规模的贩毒组织追究责任的规定，毒品数量之大接近量刑表顶部。在这种情况下，检察官应考虑支持向下偏离，特别是在满足一般备忘录前文所述的全部或大部分标准的情况下。相反，如果满足标准，但根据量刑指南计算的刑罚与被告人行为的严重性不成比例，检察官可以考虑向上偏离。2019年向美国量刑委员会报告的案件有76 538起，其中26.1%的案件带有强制性最低刑，72.7%的案件涉及贩毒。同年，68.1%的毒品犯罪人被判定犯有强制最低刑的罪行，其中近45%的犯罪人在量刑时仍被处以最低刑。❶

②在某些案件中，量刑指南不能充分反映职业犯罪的被告人的罪行和罪责：对于被告人根据职业犯罪人量刑指南量刑的案件也应给予类似的考虑，见《美国联邦量刑指南》第4B1.1条❷，可使量刑达到或接近法定最高刑。如果符合所有或大部分列出的标准，并且被告人职业罪犯的身份仅取决于当前和以前实施的非暴力管制物质犯罪，检察官应考虑支持向下调整量刑范围，对其适用没有职业罪犯身份的量刑。量刑委员会注意到低于职业罪犯指南的量刑越来越频繁，特别是对于那些职业罪犯身份是毒品犯罪而不是暴力犯罪的人。2014财年向联邦量刑委员会报告的案件中，法官在大约75%的毒品职业犯罪案件中判处低于职业犯罪范

---

❶ U. S. Sentencing Commission's 2019 Annual Report.
❷ 职业罪犯。(a) 在以下情况下，被告人属于职业罪犯：(1) 被告人在实施犯罪时年满18周岁；(2) 犯罪属于暴力犯罪或管制物质犯罪中的重罪；(3) 被告人至少有两次暴力犯罪或管制物质犯罪的重罪前科。

围的刑罚，经常选择接近非职业犯罪毒品指南的刑罚。❶ 补充备忘录认为非暴力犯罪是指不涉及实际或威胁使用武器或其他暴力手段的犯罪。相反，如果被告人之前的定罪涉及使用或威胁使用暴力，即使这些罪行不符合职业犯罪的类型，如果适当的话，检察官也可以考虑主张向上调整量刑，包括向职业犯罪倾斜。

无论最终的量刑建议是什么，检察官必须始终向法院、缓刑办公室和公众坦诚告知被告人的全部罪行和罪责，包括犯罪所涉及毒品的类型、数量及可归因于犯罪的毒品数量，被告人在犯罪中的角色，即使起诉文件没写这么具体。

关于涉可卡因毒品案件中的起诉、认罪和量刑。首先，美国司法部支持消除对块状与粉末状可卡因毒品的量刑差异，并已在国会作证支持《公平量刑法》第 79 条，该法案将消除这种差异。块状与粉末的差异根本没有科学依据，因为这些药物之间没有显著的药理学差异：它们是同一药物的两种形式，粉末很容易转化为块状可卡因。❷ 其次，根据量刑委员会的记载，区分块状与粉末状毒品所造成的量刑差异是毫无根据的差异。最后，对块状可卡因犯罪实行更严厉的处罚对于实现执法优先事项来说没有必要，因为还有其他更适合于此目的的手段。

因此，涉块状可卡因案件中的检察官应采取以下步骤，以促进对块状可卡因和粉末可卡因犯罪的平等对待：如果根据补充备忘录认为有必要根据《美国法典》第 21 编对涉及块状可卡因的毒

---

❶ United States Sentencing Commission, Report to the Congress: Career Offender Enhancements at 35 (July 28, 2016).

❷ Justice Department Statement, Senate Judiciary Committee at 6 (June 22, 2021). See Testimony of Acting ONDCP Director, Senate Judiciary Committee, June 22, 2021; U. S. Sentencing Commission Report 1995. 建议修订量刑准则，对同样数量的粉末可卡因和块状可卡因适用同样处罚。

品犯罪判处强制性最低刑，检察官应按适用于粉末可卡因犯罪的数额起诉。刑事司和联邦检察官执行办公室将就如何办理此类起诉发布进一步的指导。在量刑时，检察官应主张根据粉末可卡因而不是块状可卡因的量刑指南进行量刑。如果法院认为适用块状可卡因规则进行量刑，检察官通常应主张变通适用相同数量的粉末可卡因规则。

2. 2021年临时备忘录

2021年1月29日，代理总检察长蒙蒂·威尔金森（Monty Wilkinson）发布关于起诉裁量权的临时指南，❶ 可能会对包括公司犯罪在内的刑事诉讼产生重大影响，同时，美国司法部正在制定其长期政策。该备忘录的正文仅半页三段十七行。

首段提出，合理行使检察官自由裁量权对刑事司法系统的公平性、有效性和完整性至关重要。几十年来，司法部根据《联邦起诉原则》向联邦检察官提供指导，强调必须针对具体案件进行认真评估，确定调查哪些事项、提出哪些指控、何时达成认罪协议以及如何在量刑时支持起诉。

第二段提出，为确保检察官在伸张正义时能够行使这一自由裁量权，取消特朗普时代的2017年备忘录并恢复2010年的起诉政策。2017年备忘录限制了检察官对某些起诉决定的自由裁量权，要求检察官在所有案件中以可以证明的最严重罪行（即最高刑罚）起诉被告人，否则起诉较轻的罪名需获得主管检察官的额

---

❶ Litigation Practice Group Proskauer of Proskauer Rose LLP, "New" Guidance from Acting Attorney General on Prosecutorial Discretion, February 18, 2021, *The National Law Review*, Volume XI, Number 228, August 16, 2021.
https://www.natlawreview.com/article/new-guidance-acting-attorney-general-prosecutorial-discretion, 2021年8月17日最后访问。

外批准。

该备忘录恢复了前检察总长埃里克·霍尔德（Eric Holder）发布的 2010 年备忘录，恢复了检察官个人的起诉自由裁量权，目标是通过确保对每个案件进行个案评估来促进司法公正，由检察官权衡有关起诉、认罪协议和量刑建议的决定。这一备忘录代表了联邦起诉政策要回到奥巴马时代的倾向，采用更加个性化评估的方式。

3. 2017 年备忘录

2017 年 5 月 10 日，时任总检察长塞申斯发布的备忘录❶（以下简称"2017 年备忘录"）重申了"核心原则"，即检察官"应该起诉并追究最严重、最容易证明的罪行"。顾名思义，最严重的罪行是指那些量刑指南规定的刑期最长的罪行，包括强制性最低刑。但该政策也承认，在某些情况下，检察官基于其良好的判断能力可以认为没有必要严格执行上述起诉政策。在这种情况下，检察官应仔细考虑是否有例外的理由。根据司法部的长期政策，任何不执行该政策的决定都必须得到联邦检察官或助理司法部长或其指定的主管检察官的批准，并将理由记录在卷宗中。检察官必须向量刑法庭展示所有影响量刑指南或强制性最低刑的事实，并应在所有案件中根据《美国法典》第 18 编第 3553 条的规定建议判处合理的量刑。每位联邦检察官和助理司法部长都有责任确保这项政策得到遵守，任何偏离核心原则的行为都要有不寻常的事实作为依据。美国司法部关于这些事项的任何不一致的旧政策

---

❶ Attorney General Sessions Issues Charging and Sentencing Guidelines to Federal Prosecutors, May 12, 2017, https://www.justice.gov/opa/pr/attorney-general-sessions-issues-charging-and-sentencing-guidelines-federal-prosecutors, 2023 年 9 月 20 日最后访问。

从即日起废止,包括 2013 年 8 月 12 日美国司法部关于在某些毒品案件中起诉强制性最低刑和累犯加重处罚的政策,以及 2014 年 9 月 24 日关于认罪协商中加重处罚的指南。

在 2017 年备忘录之下,检察官在所有案件中都应根据《美国法典》第 18 编第 3553（e）条中的因素寻求合理的量刑。在大多数情况下,检察官在量刑指南的范围内建议量刑是合适的。偏离量刑指南的量刑建议需要上级检察官批准。虽然也确实允许检察官提出偏离指南的量刑建议,但对于检察官何时可以提出较轻的起诉或减轻量刑的建议,仅规定应以不寻常的事实为依据并且应得到主管检察官的批准并记录在案,此外几乎没有提供任何指导。就毒品案件而言,2017 年备忘录明确废除了 2013 年霍尔德关于强制性最低刑和加重量刑的政策。霍尔德在量刑改革方面推动两党协调一致,努力在毒品案件中减少严厉判决及由此导致越来越多的对低犯罪级别罪犯的监禁。因此,当时刑事司法界有人认为塞申斯领导下的司法部准备至少在某种程度上回到对毒品案件实行更严厉惩罚的时代。该政策的影响不仅限于毒品案件,还有可能利用量刑指南的规定对白领犯罪和儿童色情犯罪予以严厉刑罚,更可能对移民案件有相当大的影响。

4. 2013 年备忘录

2013 年,美国联邦最高法院在艾伦诉美国案（Alleyne v. U. S.）中认为,任何增加法定最低刑期的事实都是犯罪要素,必须提交给陪审团,并在排除合理怀疑的情况下予以认定。❶ 2013 年,总检察长发布了《关于在某些毒品案件中起诉强制性最低刑和累

---

❶ Alleyne v. U. S., 133 S. Ct. 2151 (2013).

犯加刑的政策》（以下简称"2013年备忘录"），指出联邦最高法院在艾伦案中的判决加强了检察官在确定被告人是否应被判处强制性最低刑中的作用。联邦最高法院的判决意味着，若要对被告人处以强制性最低刑，检察官必须确保起诉文件中包含触发法定最低刑的犯罪要素。对起诉决定行使自由裁量权一直是联邦"刑事司法系统不可或缺的特征"❶，也是联邦检察官最重要的职责之一。现行政策要求检察官起诉时进行个性化评估，判断起诉在多大程度上符合案件的具体情况、符合联邦刑法的宗旨，以及最大程度地运用联邦资源。为此检察官必须考虑许多因素，如被告人的行为和犯罪史、与犯罪有关的情况、社会的需求及联邦资源和执法优先事项。

鉴于2013年联邦最高法院的判决再次明确，检察官的起诉决定也会影响被告人何时会被判处强制性最低刑，因此检察官必须以同样深思熟虑和合理的方式来评估这些因素。在充分考虑了这些因素后，总检察长认为，强制性最低刑和累犯加重处罚法规导致了不适当的严厉判决，以及不反映联邦起诉原则的实际量刑差异。为了确保将最严厉的强制性最低刑留给严重、高级或暴力毒贩，对有关非暴力、低烈度贩毒犯罪的强制性最低刑的起诉政策进行了调整，指示联邦检察官不要对低烈度的非暴力毒品罪犯适用强制性最低刑或加重量刑。❷

---

❶ United States v. LaBonte, 520 U. S. 751, 762（1997）.

❷ Eric H. Holder, Jr., Department Policy on Charging Mandatory Minimum Sentences and Recidivist Enhancements in Certain Drug Cases, Memorandum to the United States Attorneys and Assistant Attorney General for the Criminal Division（August 12, 2013）, July 23, 2014. https://www.justice.gov/sites/default/files/oip/legacy/2014/07/23/ag-memo-department-policyon-charging-mandatory-minimum-sentences-recidivist-enhancements-in-certain-drugcases.pdf, 2023年9月20日最后访问。

鉴于上述原因,总检察长发布以下政策。❶ 第一,关于某些基于毒品数量的强制性最低刑的适用。检察官应确定被告人是否符合任何法定强制性最低刑成文法或加重刑罚的条件。但是,在涉及基于毒品类型和数量的第 21 编所规定的强制性最低刑案件中,如果被告人符合以下各项标准,检察官不应起诉触发强制性最低刑所需的数量:①被告人的相关行为不涉及使用暴力或暴力威胁、持有武器、向未成年人贩卖毒品或与未成年人一起贩卖毒品,或造成他人死亡或严重身体伤害;②被告人不是组织者、领导者、管理者或监督者;③被告人与大规模贩毒组织、帮派或卡特尔没有重大联系;以及④被告人没有重大犯罪史。重大犯罪史通常指有三个或更多的前科。

第二,关于起诉时间和认罪协议。如果在起诉前已掌握足以确定被告人符合上述标准的信息,那么检察官不应起诉触发强制性最低刑的毒品数量或种类。但是,如果起诉时尚未获得这些信息,那么检察官可以在获得进一步信息并确定被告人是否符合上述标准之前,提出涉及强制性最低刑的起诉。如果被告人最终符合标准,那么检察官不应起诉第 21 编的强制性最低刑。例如,检察官可以要求大陪审团以不触发强制性最低刑的起诉书取代原起诉文件,或者被告人可以承认较轻的罪行,或者放弃大陪审团起诉,改由检察官提出不会触发强制性最低刑的起诉。

第三,关于出庭支持量刑。检察官必须坦诚地向法庭、缓刑机构和公众说明被告人应承担的全部罪责,包括犯罪所涉及的毒

---

❶ Eric H. Holder, Jr., Department Policy on Charging Mandatory Minimum Sentences and Recidivist Enhancements in Certain Drug Cases, Memorandum to the United States Attorneys and Assistant Attorney General for the Criminal Division (August 12, 2013), July 23, 2014.

品数量以及被告人在犯罪中所起作用和应承担责任的毒品数量，即使起诉文件缺乏此类具体说明。检察官还应继续根据联邦量刑指南准确计算量刑范围。在量刑范围达到或超过强制最低刑的情况下，检察官应考虑低于最低刑的量刑是否足以满足《美国法典》第 18 编第 3553（a）条规定的量刑目的。

在确定向法庭提出的量刑建议时，检察官应考虑被告人是否如实并及时地向控方提供了被告人所掌握的与属于同一行为过程、共同计划或方案的一项或多项犯罪有关的所有信息。

第四，关于累犯加重。除非被告人的行为使案件适合严厉刑罚，否则检察官不应根据《美国法典》第 21 编第 851 条起诉加重量刑。在决定被告人是否适用加重刑罚时，检察官应考虑以下因素：①被告人是否是犯罪组织中其他人的组织者、领导者、管理者或监督者；②被告人是否参与使用或威胁使用与犯罪有关的暴力；③被告人前科的性质，是否有暴力犯罪前科或近期严重犯罪前科；④被告人是否与大规模贩毒组织、帮派或卡特尔有重要联系；⑤与罪责相当或更重的同案被告人相比，是否会造成严重的量刑差异；以及⑥其他针对具体案件的加重或减轻处罚因素。根据当时政策，关于强制性最低刑和累犯加重案件，办案检察官的所有起诉决定必须由主管检察官审查，以确保符合《联邦起诉原则》及总检察长发布的起诉政策。

5. 2010 年备忘录

在 2010 年，总检察长埃里克·霍尔德（Eric Holder）指示，"合理行使检察官自由裁量权对于公平、有效和公正地执行联邦刑法至关重要。决定是否起诉、起诉何种罪行罪名和加重处罚、何时进行认罪协商以及如何在量刑时支持起诉，都是联邦检察官最基本的职责。"所有联邦检察官"具体起诉在何种程度上适合案件的具体情况,是否符合联邦刑法的目的,要进行个性化评估,并最大程度地提高司法机关的影响力"❶。(以下简称"2010年备忘录")检察政策的基本原则是对于犯有类似罪行、类似罪责的人,应尽可能给予类似的起诉待遇。无视这一基本原则可能会造成不必要的差异。但是,如果没有仔细分析具体案件的具体事实和情节也会造成差异。事实上,平等的司法取决于个性化的司法,而高明的司法更需要个性化的司法。因此,检察官必须根据每个案件的具体情况作出有关起诉、认罪协议和支持量刑建议的决定,同时考虑到对被告人的行为和犯罪史以及与犯罪有关的情况(包括犯罪对被害人的影响)的个性化评估,检察官要确保在作出这些决定时不无故考虑种族、民族、性别或性取向等因素。❷

检察官的起诉决定应基于理性和刑事执法的一般目的:惩罚、公共安全、威慑和改造。这些决定还应反映出警察局和每个地区的关切。通常情况下,如果检察官有合理根据相信某人犯有联邦罪行,并且有足够的可采证据定罪,则应提出起诉,除非不符合实质性的联邦利益,或者被告人在其他地区受到有效起诉,或者有充分的非刑事起诉替代措施。❸

根据长期以来的原则,检察官必须选择最合适的罪行起诉。通常情况下,起诉会包括被告人行为所包含的最严重的罪行,并且有可能确保给被告人定罪。不过,在选择适当的起诉罪行时,检察官应考虑起诉的量刑后果是否与被告人行为的严重程度相称,

---

❶❷ Eric H. Holder, Jr., Department Policy for Charging and Sentencing, Memorandum to All Federal Prosecutors, May 19, 2010. http://www.justice.gov/oip/holder-memo-charging-sentencing.pdf, 2023年9月20日最后访问。

❸ Eric H. Holder, Jr., Department Policy for Charging and Sentencing, Memorandum to All Federal Prosecutors, May 19, 2010.

以及起诉是否能实现刑法的惩罚、保护公众、特殊和一般预防、威慑及改造等目的。这些决定应参考对每个具体案件的所有事实和情节的个性化评估。《美国法典》第18编第3553（a）条规定，任何起诉的目标都是"足够但不超过必要限度"的惩罚，以满足这些考虑因素和目标。❶

为确保一致性和问责制，起诉和认罪协议的决定必须由主管检察官审查。除最常规的起诉书外，所有其他起诉书都应附有一份起诉备忘录，确定有证据和法律支持的起诉选项，并解释其中的起诉决定。联邦检察官办公室和司法部的每个诉讼部门都必须颁布书面指南，说明其审查起诉的内部程序。❷

在所有案件中，起诉应公正地反映被告人的犯罪行为，并应适当考虑被告人在调查或起诉中向控方提供的实质性帮助。一般而言，是否寻求法定量刑加重的决定也应遵循这些原则。❸

认罪协议应反映被告人的全部行为，检察官订立这些协议应遵循与起诉决定相同的基本原则，检察官应根据对每个具体案件的具体事实和情节的个性化评估，使被告人对符合其行为性质且可能被定罪的最严重的罪行认罪。提出起诉不应仅仅是为了施加影响以诱使被告人认罪，也不应为了达成不能反映被告人行为严重性的认罪协议而放弃起诉。所有认罪协议均应符合《联邦起诉原则》，且必须由主管检察官审查。各办公室应就认罪协议中要求的标准要素（包括被告人权利的放弃）颁布书面指南。❹

量刑时的支持起诉，正如联邦最高法院所承认的，美国国会已确定了法院在根据《美国法典》第18编第3553条量刑时应考

---

❶❷ JM 9-27.300.

❸❹ Eric H. Holder, Jr., Department Policy for Charging and Sentencing, Memorandum to All Federal Prosecutors, May 19, 2010.

虑的因素。根据法规并以《美国联邦量刑指南》为试金石，检察官应寻求能反映犯罪严重性的量刑判决，以实现促进对法律的尊重、予以公正的惩罚、起到威慑作用、保护公众并为被告人提供有效改过自新的机会等多重目标。在典型案件中，这些目的之间的适当平衡将继续体现在《美国联邦量刑指南》范围内，检察官一般应继续主张在指南的范围内量刑。❶

《美国联邦量刑指南》对于促进整个联邦系统内全国量刑统一的目标方面仍然非常重要。但是，《美国联邦量刑指南》是参考性而非强制性的，根据联邦起诉原则，检察官对量刑的意见与起诉决定和认罪协议一样，也必须基于对每个具体案件的事实和情节的个性化评估。检察机关提出的所有偏离量刑指南或变通（向上或向下）的量刑建议都必须基于具体的和可阐明的因素，并需要上级检察官批准。各办公室应为量刑时的有效支持起诉提供培训。❷

关于起诉决定、认罪协议和量刑的支持起诉，为获得上级检察官批准而建立的机制应尽可能确保遵守联邦起诉原则和检察长备忘录提供的指导，并确保整个地区的一致性。被选为审查自由裁量权行使情况的主管检察官应技术娴熟、经验丰富，并充分熟悉该部门和各地区的具体政策、优先事项和做法。上述所有指导在颁布后必须与联邦检察官执行办公室共享。❸

(二) 联邦检察中立与行政化

2006 年 12 月，布什政府在一天之内解雇 7 位联邦检察官❹，

---

❶❷❸ Eric H. Holder, Jr., Department Policy for Charging and Sentencing, Memorandum to All Federal Prosecutors, May 19, 2010.

❹ Ari Shapiro, Timeline: Behind the Firing of Eight U. S. Attorneys, *NPR*, April 15, 2007.

引爆争议。美国国会举行监督听证会,美国司法部向美国国会公布了内部工作记录和工作邮件并出席听证会接受质询,监察长提交报告,媒体进行持续调查和评论。公布的证据表明,2004年年底,时任白宫法律顾问阿尔贝托·冈萨雷斯(Alberto Gonzales)和司法部官员曾讨论解雇部分或所有93位联邦检察官。2005年,司法部官员称要解雇15%~20%的联邦检察官,因其对时任总统布什和司法部部长(阿尔贝托·冈萨雷斯)不忠诚。司法部对解雇事件开展了为期两年的调查,调查是否以不当方式解雇九名联邦检察官以影响检察官对刑事案件的办理。2010年调查结束,未起诉任何人。但事件引发了越来越多的评论,认为布什政府将司法部政治化,影响检察中立,导致司法部部长(总检察长)阿尔贝托·冈萨雷斯引咎辞职。[1] 司法部出于政治目的滥用行政权来解雇联邦检察官引发的这场风暴历时近四年才逐渐平息,表明无论是总统还是司法部部长,如果想要运用任命或罢免检察官的权力来左右刑事案件的起诉,必须通过正当的途径。联邦检察官的职务及其行使起诉裁量权既受到立法机关的保护,也受到媒体舆论的密切监督。

(三)概览与评论

四十多年来,美国联邦检察官追诉最严重且易于证明的犯罪行为的责任一直是司法部政策的核心要素和基本原则。该政策首次由司法部部长本杰明·西维莱蒂(Benjamin Civiletti)于1980年正式宣布[2],并于1989年得到司法部部长理查德·桑伯格

---

[1] No Criminal Charges in Bush-Era Attorney Firings, *CBS News*, July 21, 2010.
[2] Principles of Federal Prosecution, U.S. Department of Justice, July 1980.

(Richard Thornburgh)的认可。❶ 1993年,司法部部长珍妮特·雷诺(Janet Reno)坚持这一政策,但补充说,起诉决定还应基于"对犯罪程度的个性化评估"。起诉应适合案件的具体情况,符合联邦刑法的目的,并最大程度地发挥联邦资源对犯罪的影响。❷ 十年后,司法部部长约翰·阿什克罗夫特取消了"个性化评估"的政策,并进一步指示检察官,他们"必须"(而不仅是像过去那样"应该")指控最严重的、易于证明的罪行❸——两年后,副检察长詹姆斯·科米重申了这一指示。❹ 奥巴马时期的司法部部长埃里克·霍尔德(Eric Holder)恢复了珍妮特·雷诺的标准,认为虽然检察官"通常应该起诉"最严重的罪行,但该决定"必须始终在对雷诺政策中规定的因素进行个别评估"的背景下作出。❺ 埃里克·霍尔德的两份备忘录更为宽缓,2013年8月发布的第一份文件细化了司法部对强制最低刑犯罪的起诉政策,指示不应对行为不涉及暴力、武器或未成年人以及很少或没有犯罪记录的低烈度毒品犯罪提出此类起诉。❻ 在2014年9月发布的第二份文件

---

❶ Memorandum from Dick Thornburgh, Attorney General, to Federal Prosecutors, Plea Bargaining Under the Sentencing Reform Act (March 13, 1989).

❷ Memorandum from Janet Reno, Attorney General, to Holder of U.S. Attorneys' Manual, Title 9, Principles of Federal Prosecution (Oct. 12, 1993).

❸ Memorandum from John Ashcroft, Attorney General, to All Federal Prosecutors, Department Policy Concerning Charging Criminal Offenses, Disposition of Charges, and Sentencing (Sept. 22, 2003).

❹ Memorandum from James B. Comey, Deputy Attorney General, to All Federal Prosecutors, Departmental Policies and Procedures Concerning Sentencing (Jan. 28, 2005).

❺ Memorandum from Eric H. Holder Jr., Attorney General, to All Federal Prosecutors, Department Policy on Charging and Sentencing (May 19, 2010).

❻ Memorandum from the Attorney General to The United States Attorney and Assistant Attorney General for the Criminal Division, Department Policy on Charging Mandatory Minimum Sentences and Recidivist Enhancements in Certain Drug Cases (Aug. 12, 2013).

限制了《美国法典》第 21 编第 851 条加重量刑规则的适用范围❶，包括阻止检察官使用这一规则作为认罪协商筹码去诱导或逼迫被告人认罪。

联邦量刑政策经历了类似宽—严—宽的波动。根据西维莱蒂的量刑指南政策，检察官的作用有限：协助法院量刑，很少提出量刑建议，因为"刑事案件的量刑主要是法院的职能和责任"。1987 年《美国联邦量刑指南》给联邦量刑带来了巨大的变化，用更加严格和算术的方法来确定刑罚，而且结果往往更为严厉，但桑伯格的检察政策授权检察官进行量刑谈判，并寻求偏离量刑指南，这项政策在雷诺时期得到延续。阿什克罗夫特采取了更严厉的政策，禁止检察官寻求或同意向下偏离指南，但合作的认罪协商被告人、针对移民或毒品案件数量特别多的地区所谓的"快速通道"计划或其他未指明的"罕见"案件除外。2005 年，即使联邦最高法院在美国诉布克案中宣布《美国联邦量刑指南》仅仅是建议性质的，副检察长科米仍重申阿什克罗夫特的严格政策，命令检察官继续在"除特殊案件外的所有案件"中追求根据指南量刑。埃里克·霍尔德对这一政策进行了相当大的缓和，认为虽然检察官"通常应该继续主张"根据量刑指南量刑，但决定提出何种量刑必须遵循对每个案件事实的"个性化评估"。为了避免对他的意图产生任何怀疑或歧义，埃里克·霍尔德的备忘录明确取代了其前任的备忘录。

自 1980 年以来，围绕起诉"最严重且易于证明的罪行"原则，个性化评估与强制性最低刑、加重量刑规则、《美国联邦量刑

---

❶ Memorandum from the Attorney General to Department of Justice Attorneys, Guidance Regarding § 851 Enhancements in Plea Negotiations (Sept. 24, 2014). 美国法典第 21 编第 851 条提高了对有毒品重罪前科的被告人的强制性最低刑和最高刑。

指南》之间的关系此消彼长。毒品犯罪和移民犯罪在司法部刑事案件中占比极高，如 2019 年移民案件占比 38.4%❶，毒品犯罪又是刑事司法中最受关注的领域，检察裁量权在毒品犯罪中的作用备受关注。一直以来联邦在移民或毒品案件泛滥的地区采用快速通道计划或称快速处置项目来促进大量案件的有效处置，2012 年美国司法部修订该项目的起诉政策，将其适用于全美国。检察官对通过该项目协商认罪的被告人，可以比《美国联邦量刑指南》的基准刑减轻 4 个级别进行起诉，予以迅速惩罚，同时腾出资源来追究更严重的犯罪行为。但移民和毒品犯罪在刑事案件中所占的比例越来越大，对于证据不足、共犯众多、复杂的轻罪、情有可原的犯罪等各种案件，检察官减轻起诉需要行使自由裁量权，这可能取决于检察官的"良好判断"和辩护律师的专业水平。

此外，立法机关的立法也影响着司法部的起诉政策，并影响检察官行使裁量权。1994 年，美国国会通过了安全阀条款，为低级别、非暴力、初犯的毒品案件提供低于强制性最低刑的依据；其安全阀条款的标准与埃里克·霍尔德 2013 年备忘录中关于限制以强制性最低刑起诉毒品犯罪的规定如出一辙。2017 年的《公平量刑法案》也减轻了对快速处置项目中犯罪的处罚，对司法部的起诉政策予以立法确认。2018 年，美国总统特朗普签署了《第一步法案》(First Step Act)，该法案旨在减少联邦监狱人口，改善美国的刑事司法效果，为此将两次犯有毒品重罪或暴力重罪的强制性最低刑从 20 年减至 15 年，将"三振出局"对第三次犯毒品重罪或暴力重罪的人处以终身监禁不得假释的规定修改为 25 年。❷

---

❶ U. S. Sentencing Commission, Annual Report 2019.
❷ First Step Act (Formerly Incarcerated Reenter Society Transformed Safely Transitioning Every Person Act).

该法减轻了对非暴力毒品犯罪的强制性最低刑，扩大了安全阀救济条款并赋予法官更多的自由裁量权，在某些情况下可判处短于法定最低刑的刑罚，从而使被告人有更多机会避免严厉的强制性最低刑。

总检察长作为司法部部长是总统的助手，负责在诉讼和起诉犯罪中确保联邦法律得到忠实执行，在一定程度上体现总统的刑事司法理念。司法部的起诉和量刑政策的变动反映了历届司法部部长在联邦层面对努力方向的调整。但是，联邦起诉并不是在高层进行的，而是在很大程度上取决于检察官如何行使该政策赋予的自由裁量权，以及其他部门的反应。美国联邦最高法院在布克案及其后案件中的判决授权法官在合理的情况下不按量刑指南量刑。同样，量刑委员会通过对《美国联邦量刑指南》的一系列修订，减轻了对各种毒品犯罪的处罚。

三、"三振出局法"及其实施与检察裁量

除死刑外，其他严厉刑罚措施的执行也突出体现了检察政策的地方性。例如，1994年加利福尼亚州通过了美国最严厉的"三振出局法"，作为一项量刑规则，目的是确保对那些犯有重罪且有严重或暴力重罪前科的人处以更长的刑期和更严厉的惩罚。其自颁布以来一直备受争议。

例如，现行《加利福尼亚州刑事法典》第667（e）条对"三振出局"和"两振加刑"作出规定。如果被告人有两次或两次以上的严重或暴力重罪前科，并已认罪和举证，则第三次重罪定罪的刑期应为终身监禁的不定期刑期，而不定期刑期的最低刑期应按以下两项中的最大者计算：①在两次或两次以上严重重罪或暴

力重罪定罪之后,每次前科增加当前重罪定罪的 3 倍刑期;②在州监狱监禁 25 年。也即,如果被告人有两次或两次以上严重重罪或暴力重罪的定罪记录,如果第三次定重罪,则必须被判处最低刑至终身监禁。[1]

《加利福尼亚州刑事法典》第 667(e)条除规定了"三振出局"外,还规定了"两振加刑"。被判定犯有严重重罪的人,如果之前在加州被判犯有严重重罪,或在其他司法管辖区被判犯有包含任何严重重罪所有要素的任何罪行,则除法院对其当前罪行判处的刑罚外,还将因其之前的每项严重重罪而被加刑 5 年,本次犯罪的刑期和每次加刑的刑期应连续计算。

根据《加利福尼亚州刑事法典》第 667.5 条,暴力重罪指谋杀、强奸、通过暴力、胁迫、威胁或恐吓进行口交,放火、绑架,劫车,敲诈勒索;第 1192.7(c)规定严重重罪包括使用枪支的重罪、抢劫、入室盗窃、向未成年人出售毒品等。除重罪加刑外,服刑方式也予以加重。其一,加利福尼亚州法对服刑期间表现良好的服刑人予以积分,服满 50% 刑期即可释放,两次或三次犯罪的服刑人则需服满 80% 的刑期,暴力重罪服刑人需服满 85%。其二,没有权利同时计算刑期,而是连续计算刑期,服刑期间加长,如犯有两罪分别判 3 年和 5 年,同时服刑需服 5 年,连续服刑需服 8 年。[2]

该法典旨在重罚惯犯,反对者认为其并不公平,对少数群体和患有精神疾病的人造成了极大的影响,可能会导致大规模的长期监禁。因此,该法典立法 30 年来,现行的"三振出局"条文比 1994 年已有以下方面的变化。

---

[1] CA Penal Code(The Penal Code of California)667(e).
[2] CA Penal Code(The Penal Code of California)667.5.

第一，罪名范围缩小。原本笼统概括宽泛的重罪定罪于 2012 年被限定为明确的暴力重罪和严重重罪的罪名，缩小适用"三振出局"的罪名范围。

第二，可由法官裁定不予适用"三振出局"。原本《加利福尼亚州刑事法典》第 1385 条就规定了法官可裁量决定适用"三振出局"定罪，基于第 1385 条，1994 年的"三振出局法"于 1996 年放松。1996 年，加利福尼亚州最高法院在具有里程碑意义的人民诉罗梅罗案（People v. Romero）中判决，"如果初审法院认为这样做有利于司法公正，则可以撤销之前的三振定罪"。被告人罗梅罗两次入室盗窃被判重罪，第三次因藏有可卡因再获重罪起诉，法官认为对单纯的藏毒行为适用"三振出局"是一种不公正的惩罚。因此，法官援引《加利福尼亚州刑事法典》第 1385 条的裁量权，提出取消其中适用"三振出局"的起诉，作为被告人认罪协议的条款。在撤销"三振出局"起诉后，罗梅罗可以避免被判终身监禁，但由于之前两罪的判决而被判六年监禁。地方检察官提出上诉，加利福尼亚州最高法院一致支持主审法官根据《加利福尼亚州刑事法典》第 1385 条驳回"三振出局"起诉的权力，该条规定："法官或治安法官可根据法庭职权或检察官的申请，为促进司法公正，下命令驳回起诉。驳回的理由应口头说明并记录。如果任何一方提出要求，或者在未进行电子记录或未由法庭记录员报告的任何诉讼程序中，还应在法庭命令的备忘录中说明理由。"

此后至今，罗梅罗申请成为一种正式申请，即申请法官为促进司法公正，面对被告人的前两次重罪犯罪记录，不予适用"三振出局法"提出起诉，但前两次重罪记录不会消除。罗梅罗申请是否获准的条件可能会包括：①当前罪行的性质和严重程度；

②被用作三振基础的两次重罪前科的情况;③被告人的犯罪史、整体性格和生活环境;④长期监禁在多大程度上有利于司法公正或保护公共安全。

在随后的人民诉威廉姆斯(People v. Williams)一案中,法院进一步明确了法官批准罗梅罗申请的条件。其一,法官必须合理地认为执行"三振出局法"将构成残忍和不寻常的惩罚,且不利于司法公正。其二,如果批准罗梅罗申请会对公共安全构成不合理的风险,则法官不得批准。其三,法官不得因法庭便利或案多人少等因素而批准申请,必须有与当前案件相关的重要理由。法院也可以通过罗梅罗申请消除三振前科,如果被告人对公共安全不构成威胁且前科并不特别严重。❶

第三,2012年11月,加利福尼亚州选民通过了36号提案即"三振改革法案",修订"三振出局法",使其对被判第三次重罪的人更加宽松。新法规定,如果第三次被判重罪的人能够证明自己不会对公众造成危害,其案件可获重新审理并获得减轻量刑。

第四,2016年11月,加利福尼亚州选民通过了第57号提案即"公共安全与改造法案"。根据新法律,第三次被判非暴力重罪的服刑人可以获得假释,在获得假释资格之前必须服刑的时间取决于被定罪的罪行是否属于暴力犯罪及犯罪历史。

对于"三振出局法",加利福尼亚州各县检察官的执法差异很大,甚至在检察官竞选时也成为候选人的许诺,可见检察官执行"三振出局法"的差异。例如,最终败选的洛杉矶检察官吉尔·加塞蒂(Gil Garcetti)对打击重罪采取强硬立场,并发布了书面政策,要求所有检察官都"尽职尽责"严格执行"三振出局

---

❶ People v. Williams, 305 P. 3d 1241 (2013).

法"。在随后的检察官选举中,其他候选人在竞选时许诺,可在一定比例的案件中决定是否提起"三振出局"起诉。❶

据笔者统计,美国联邦和 28 个州都曾颁布实施"三振出局法",如表 3-2 所示。

表 3-2 美国联邦和各州通过"三振出局法"年份

联邦/州	年份	联邦/州	年份
纽约	1797	得克萨斯	1952
特拉华	1973	马里兰	1975
华盛顿	1993	加利福尼亚	1994
科罗拉多	1994	康涅狄格	1994
佐治亚	1994	印第安纳	1994
阿拉巴马	1994	路易斯安那	1994
新墨西哥	1994	北卡罗莱纳	1994
田纳西	1994	弗吉尼亚	1994
威斯康辛	1994	联邦	1994
佛罗里达	1995	蒙大拿	1995
内华达	1995	新泽西	1995
北德科他	1995	宾夕法尼亚	1995
南卡罗来纳	1995	犹他	1995
佛蒙特	1995	亚利桑那	2005
马萨诸塞	2012		

在多个州,"三振出局法"因其严酷或被废除或被修订,如特拉华和加利福尼亚州规定仅适用于某些严重的重罪,马里兰州

---

❶ Sara Sun Beale, The Story of Ewing: Three Strikes Laws and the Limits of the Eighth Amendment Proportionality Review, in *Criminal Law Stories*, Donna Coker & Robert Weisberg eds., Foundation Press, 2013, p.427, pp.434-435.

改为"四振出局"。各州其他主要改革措施还包括取消长期的强制性最低刑,取消不得假释的终身监禁,取消非暴力犯罪的"三振出局",允许假释或早期假释,并赋予法官自由裁量权。这些改革的目的是作出适合具体罪行和被告人的个性化的量刑。

除了死刑和"三振出局",美国许多司法辖区还有专门针对黑帮犯罪、毒品犯罪等的加重刑罚规定。在死刑和"三振出局"等重刑重罪的背景下,检察官对每个具体案件的事实和情况进行个性化评估,作出有利于司法公正的处理。

第三节 检察裁量权的司法规制

由于美国刑事诉讼程序的特征,检察官享有广泛的自由裁量权。联邦检察官有权决定是否起诉、如何起诉、豁免起诉、进行认罪协商❶或撤销起诉,以及选择起诉哪项罪行。其中,对证人予以豁免起诉的权力由检察机关排他行使❷;检察官经法庭许可,可以撤销大陪审团起诉书、检察官起诉书或者控告;但在审判中,未经被告人同意,控方不得撤销起诉。❸ 有些联邦上诉法院判决认为,当且仅当检察官的撤诉请求"明显有悖于公共利益"时,法

---

❶ See Newman v. United States, 382 F. 2d 479, 481–82 (D. C. Cir. 1967).

❷ See United States v. George, 363 F. 3d 666, 671 (7th Cir. 2004) (该判决认为,对证人许可使用豁免起诉的权力由检察机关排他行使,如果证人违反辩诉协议,鉴于控方想要收集起诉他/她的证据,检察官有权裁量拒绝证人使用豁免权); United States v. Flemmi, 225 F. 3d 78, 87 (1st Cir. 2000) (检察官许可使用豁免权的权力包含在其作出起诉决定的法定权力之内)。

❸ Federal Rules of Criminal Procedure 48 (a).

庭才可以不准许撤回起诉。❶

一、对检察裁量权不予司法审查

根据联邦法,检察官拥有决定是否起诉有合理根据的任何犯罪的专有裁量权,只要检察官有合理根据相信被追诉人犯下法定罪行,是否向大陪审团起诉、起诉何罪通常完全取决于他自己的判断力。如果检察官决定不提起诉讼,那么很少受到其他部门、人员的监督。

(一) 对起诉裁量权不予审查的原则及例外

第一,美国联邦最高法院早在 1979 年的判例中就指出:"本院长期以来一直承认,当一个行为违反了多项刑事法规时,只要不歧视任何一类被告人,政府都可以根据其中一项起诉。是否起诉、起诉何罪及向大陪审团提交何罪通常由检察官自行酌情决定。"❷ 检察官一旦做出这些决定,"法院无权对检察官的决定进行调查或审查",无法规制其是否以不同的方式对待"可能犯了完全相同的法律罪行的人"。❸

第二,美国联邦法院出于各种考虑不愿干预检察官的不起诉决定。第二巡回法院指出,"法院不愿意在状告检察官未能起诉犯罪行为的案件中命令联邦检察官起诉"。法院的态度相当坚定,甚至在不起诉"对保护被害人的公民权利和人身安全以及对刑事法

---

❶ See United States v. Cowan, 524 F. 2d 504, 513 (5th Cir. 1975).
❷ United States v. Batchelder, 442 U. S. 114, 123–24 (1979).
❸ Newman v. United States, 382 F. 2d 479, 481–82 (D. C. Cir. 1967).

的公平实施构成严重挑战"❶ 的案件中也不动摇。

第三，对于检察官应诉而不诉、错误地未起诉犯罪的案件中，对诉讼资格的要求会阻碍有关人员提出申诉。例如，联邦最高法院认为，"当公民本人既未被起诉，也未受到起诉威胁时，他没有资格对检察机关的决定提出异议"❷。因此，被害人和其他利害关系人都无权对检察官的不起诉决定提起诉讼或使其受到司法审查。

第四，只有在极其例外的案件中，如检察官的起诉侵犯了被告人的宪法权利，法律保护被告人不受违宪的起诉，法院才会审查检察官的起诉决定而非不起诉决定。宪法上正当程序与平等保护两个条款分别对应着被告人的重要宪法权利，当检察官的起诉侵犯宪法权利时，被告人有权通过上诉等渠道获得法院的救济，从而使检察官的起诉裁量权受到司法审查。

其一是正当程序对起诉裁量权的限制，如报复性起诉。检察官通过起诉被告人犯有更严重的罪行来惩罚行使宪法或法定权利的被告人，违反正当程序条款。"因为一个人做了法律明确允许他做的事而对他进行惩罚，这是最基本的违反正当程序的行为，而检察官采取以惩罚个人行使合法权利为目的的行动，显然是违宪的。"❸ 不得因他人行使合法权利而使其遭受不利后果，既是基本的法律理念，也是正当程序的要求。

其二是平等保护条款对起诉裁量权的限制，如选择性起诉。第一巡回法院曾在判决中认为，选择性起诉违反了平等保护条款。虽然禁止对起诉决定进行司法审查属于一般性规定，但选择性起

---

❶ Inmates of Attica Corr. Facility v. Rockefeller, 477 F. 2d 375, 379 (2d Cir. 1973).
❷ Linda R. S. v. Richard D., 410 U. S. 614, 619 (1973).
❸ See Bordenkircher v. Hayes, 434 U. S. 357, 363 (1978).

诉不受该规定的限制。❶ 联邦最高法院在判例中也指出，基于种族、宗教或其他不允许的标准而进行的选择性起诉违反了平等保护条款。❷ 被告人要想主张检察官滥用起诉权寻求司法救济并不容易。在美国诉阿姆斯特朗案（U.S. v. Armstrong）中，被告人诉检察官因其是黑人而起诉属于滥用裁量权，法院裁定被告人必须承担证明检察官不公正的责任。"为了证明选择性起诉的主张，原告必须证明起诉政策具有歧视性效果，并且是出于歧视性目的。要证明种族案件中的歧视性效果，原告必须证明情况类似而种族不同的人没有被起诉。"❸ 要证明检察官选择性起诉，被告人必须证明起诉政策具有歧视性目的和歧视性效果。换言之，被告人必须证明检察官没有起诉有类似行为的其他种族嫌疑人。❹ 法院推定检察官的起诉为"善意起诉"，不具有歧视目的，不产生歧视性效果。被告人想要完成举证责任非常困难。

（二）法院拒不审查起诉裁量权的经典案例

在1973年阿提卡案中，上诉人阿提卡监狱的犯人称，1971年纽约州阿提卡监狱犯人暴动叛乱被平息前后，32个犯人被杀，受伤犯人众多。被上诉人包括纽约州州长、纽约州惩教署署长、纽约州惩教署常务副署长、阿提卡的警长、某些州警察、惩教人员和其他官员，以及纽约西区的联邦检察官，他们被控告犯有实施或者密谋实施、协助或教唆侵害犯人的罪行。据上诉人控告，犯人在暴动之前受到了残酷和不人道的待遇，在平息阿提卡暴乱期

---

❶ See Carranza v. INS, 277 F. 3d 65, 72 n. 5（1st Cir. 2002）.
❷ See Wayte v. United States, 470 U. S. 598（1985）.
❸ United States v. Armstrong, 517 U. S. 456, 457（1996）.
❹ United States v. Armstrong, 517 U. S. 456（1996）.

间,州警察部队和惩教人员(列出了其中一人的名字)故意杀害了一些没有发起挑衅的犯人,在收复监狱且犯人投降后,纽约州官员(列出几人名字并且犯人说可以识别他们的身份)殴打犯人。犯人的个人财产此后被盗或被毁,在平息暴乱期间,有400多名受伤的犯人被恶意拒绝给予医疗救助。

上诉人还称,由州长特别任命的州副检察长罗伯特·E.费舍尔(Robert E. Fischer)取代怀俄明县的地方检察官,并与一个特别召集的大陪审团一起,调查与犯人占领阿提卡和政府收复阿提卡有关的罪行。上诉人称"他没有调查,也没有打算调查州官员犯下的任何罪行"。此外,上诉人称,由于费舍尔是由州长任命的,因此无法中立地调查州长和串谋实施所起诉罪行的其他政府官员的责任。还据称,目前州法律唯一授权起诉这些州官员实施的罪行的州官员就是费舍尔,因此纽约州没有人对此进行调查或起诉。

对于唯一的联邦被上诉人,即纽约西区的联邦检察官,上诉人只是声称他没有履行《美国法典》第42编第1987条规定的逮捕起诉职责,未逮捕、调查或起诉对上诉人犯有联邦罪行的任何州官员,侵犯了上诉人依据《美国法典》第18编第241条、第242条所享有的联邦公民权利。作为对被上诉人未能起诉违反州和联邦刑法的罪行的一种救济措施,上诉人要求法院发出性质上是命令州官员依法履职的令状作为救济:①要求纽约州提交独立和公正的计划,调查和起诉针对具名和未知身份的州官员的罪行,并确保任命公正的州检察官和州法官,以"立即起诉被告人";②针对联邦检察官,要求他调查、逮捕和起诉犯有《美国法典》第18编第241条、第242条定义的联邦罪行的州官员。

关于针对联邦检察官的诉求,犯人申请法院签发强制执行令状,强制检察官侦查和起诉州官员,其中大多数人身份不明。依据《美国法典》第 26 编第 1361 条,联邦强制执行令状当然只能"强制联邦官员或雇员履行对原告的义务",且有关判例明确指出,通常法院"在作出决定时不指示或影响官员或机构的裁量权之行使"。"联邦法院一直在传统上一律不应个人的请求而推翻联邦检察机关的自由裁量决定,即不起诉对其有犯罪行为的人。"❶法院不愿强制命令检察机关起诉的传统主要是基于检察权是行政权的理论。

法院有权审查其他行政官员自由裁量权范围内的行政行为是否滥用,这属于法院正常的司法职能。为何法院不能审查检察官的裁量权?该判决表明:其一,检察官决定起诉或不起诉的许多难以衡量的因素使得对检察官的裁量不容易进行司法监督。起诉决定中的这些固有的问题,在缺乏审查的法定标准或起诉的规章制度或法定政策的情况下,行使监督的法院也解决不了。由于没有法定的审查标准,也没有关于起诉的法规或法定政策,起诉决定的任务所固有的问题并不适合经由法院监督来解决。法院将被置于成为超级检察官的境地,不可取且有害。

退一步说,"如果法院要对检察官的不起诉决定进行这样的审查,其监督作用应该是什么也不清楚。检察官在什么情况下有权以进一步调查不可能有结果为由叫停诉讼?法院采用何种证据标准来决定是否应强制起诉?允许检察官作出多少判断?是否允许检察官追诉强有力的案件,而不去追诉证据较弱的案件?在人员和设施有限的情况下,检察官需要优先处理法院要求调查或者起诉的案件吗?这些都是难题,法院是否有审查能力还未可知,法

---

❶ See Inmates of Attica Corr. Facility v. Rockefeller, 477 F. 2d 375, 379 (2d Cir. 1973).

院下达起诉命令所固有的任意性问题也难摆脱。权衡利弊,用法院强制起诉的决定取代联邦检察官不起诉的决定,即使是按照滥用自由裁量权的审查标准,即使仅限于指示起诉要善意进行,也是不明智的。"❶

关于州政府的调查只针对犯人而不针对州政府官员的控告,如果被证明属实,可能会促使州长补充或更换目前负责调查的人员,或促使州立法机构采取行动。但控告的严重性和真实性并不会改变司法部门本来就没有的监督能力。❷

其二,在审查行政自由裁量权行为的正常情况下,行政记录是公开的,并可根据其内容进行审查。但是,不起诉的决定可能是基于现有的定罪证据不足,在这种案件中,大陪审团和检察官档案的保密性可能有助于保护被告人的声誉,使其免受基于不充分、不适当甚至恶意控告的公开损害。如果投诉方不能接触到大陪审团或联邦检察官面前的证据,审查就没有意义。但是,仅凭对犯罪行为的控告就对刑事侦查起诉的正常运作进行司法干预,会引发严重的问题,即有人可能会滥用职权,试图起诉其他人,那么只需提交一份控诉书,笼统地控告检察官非法不起诉,就可以获得检察官的档案和大陪审团的诉讼程序记录,虽然《美国联邦刑事诉讼规则》第 6(e)条❸等法律通常会要求这些资料对后者保密。

其三,在法院拒绝对检察官起诉裁量权进行司法审查的各种

---

❶❷ See Inmates of Attica Corr. Facility v. Rockefeller, 477 F. 2d 375, 379 (2d Cir. 1973).

❸ Federal Rules of Criminal Procedure 6 (e) (B):"除非本规则另有规定,否则下列人员不得透露在大陪审团席前发生的事情:(i) 大陪审员;(ii) 翻译员;(iii) 法庭记录员;(iv) 录音设备的操作人员;(v) 誊录证供的人;(vi) 检察官,或 (vii) 根据《美国联邦刑事诉讼规则》第 6 (e) (3) (A) (ii) 或 (iii) 条向其披露的人。"

理由中，最重要的理由仍是认为检察裁量权是行政权，法院不应干涉。但是，法院对行政机关各种决定的司法审查司空见惯，当将其与对检察决定的司法审查进行比较时，检察自由裁量权还是很突出的。有学者注意到了这种情况，"在我们整个法律和政府体系中，对各个当事方的不必要的自由裁量权的最大集中不是在其他行政监管机构中，而是在警察和检察官中。"❶

二、法院对检察裁量权的认同理论

有学者认为，如果没有法院的认同，检察官就无法取得广泛的裁量权。现代美国检察实践的许多事项传统上属于法官，尤其是"检察裁判"的认罪协商程序。❷ 法官通过裁判权来限制联邦检察官的裁量权就可扩展其审判权力，但联邦法院没有这样做；相反，联邦判例法认为基于宪法，禁止法官干预检察官的决定。最常见理由是检察裁量权属于行政权，但其是否足以作为检察裁量权扩张的充分理由则饱受争议。

（一）检察裁量权属行政权

法院对检察裁量权不予司法审查的基础的经典论证可见于1965年第五巡回法院在美国诉考克斯案（United States v. Cox，以下简称考克斯案）的判决意见。法院指出："[联邦检察官]作为行政部门的官员，对在具体案件中是否应进行起诉方面拥有裁量

---

❶ See Kenneth Culp Davis, *Discretionary Justice*: *A Preliminary Inquiry*, Baton Rouge: Louisiana State University Press, 1969, p. 222.

❷ See Gerard E. Lynch, Our Administrative System of Criminal Justice, 83 *Fordham Law Review* 1673 (2015). 林奇（Lynch）法官在该文中提出"检察裁判"的术语。

权。"❶ 法院进而得出结论,"法院不应干预联邦检察官在决定刑事起诉方面行使自由裁量权的自由"。❷ 考克斯案中的检察官受到来自总检察长的指示,拒绝在大陪审团起诉决定上签字,法院令其签字,检察官拒绝服从法院命令并对法院命令提起上诉,显示出检察系统对起诉裁量权受司法审查的抗拒。

在考克斯案中,戈夫(Goff)和肯德里克(Kendrick)都是非裔美国人,在一起针对密西西比州投票登记员拉姆齐的案件中作证,拉姆齐拒绝为他们进行选民登记,而为白人进行登记。拉姆齐作证说,他从未歧视过黑人选民登记申请人。W.哈罗德·考克斯(W. Harold Cox)法官认为戈夫和肯德里克应被起诉伪证罪。此后不久,司法部要求联邦调查局对可能的伪证进行调查。联邦调查局的调查结论认为没有理由提出伪证之诉并在审查后确认了这一决定。联邦检察官罗伯特·豪伯格(Robert E. Hauberg)和美国代理总检察长尼古拉斯·卡岑巴赫(Nicholas DeB. Katzenbach,被告人)向考克斯法官通报了联邦调查局的结论。然而,考克斯法官命令豪伯格将此案提交大陪审团。当州大陪审团以伪证罪起诉戈夫和肯德里克时,司法部禁止起诉。不过,考克斯法官允许联邦大陪审团审理伪证案,并再次提出起诉。考克斯法官命令豪伯格准备并签署起诉书,但豪伯格在卡岑巴赫的指示下拒绝了这一命令。根据《美国联邦刑事诉讼规则》第7条,有效的起诉书必须由联邦检察官签署。考克斯法官判决豪伯格犯有藐视法庭罪,并指示卡岑巴赫不应同时被判犯有藐视法庭罪。豪伯格、卡岑巴赫和司法部提出上诉,诉请禁止地区法官执行法院命令,并禁止其行使管辖权,要求总检察长或联邦检察官"提起刑事诉讼或就此

---

❶ United States v. Cox, 342 F. 2d 167, 171 (5th Cir. 1965).
❷ United States v. Cox, 342 F. 2d 167, 171-196 (5th Cir. 1965).

采取任何措施"。❶

巡回法院由琼斯（Jones）法官撰写的判决意见认为："美国联邦的司法权属于联邦法院，并延伸至对违反美国刑法行为的起诉。行政权属于美国总统，他必须确保法律得到忠实执行。总检察长是总统的助手，负责在法律诉讼和犯罪起诉中确保联邦法律得到忠实执行。大陪审团的作用仅限于裁定是否有合理根据相信发生了犯罪行为。联邦检察官在决定是否开始或支持起诉时的自由裁量权可能完全取决于政策问题，而与合理根据无关。虽然作为律师协会的成员，联邦检察官是法院的官员，但他也是政府的行政官员，而且正是作为行政部门的官员，他才对是否就某一案件提出起诉行使自由裁量权。""法院不得干涉联邦检察官在控制刑事起诉方面自由行使自由裁量权。[联邦刑事诉讼]规则第7条要求检察官签署起诉书的规定，是承认检察官有权允许或不允许提起公诉。如果检察官拒绝签字，因为他有自由裁量权，我们的结论是起诉书无效。"❷

巡回法院约翰·R.布朗法官撰写了特别协同意见："我同意琼斯法官的意见，即不能强迫地区检察官签署大陪审团投票通过的正式起诉书。我也同意《美国联邦刑事诉讼规则》第48(a)条赋予地区检察官不受约束的自由裁量权，以决定是继续起诉还是撤回起诉。初审法院的行动范围仅限于保护被告人的权利。但我不同意地区检察官可以无视大陪审团的努力，以至于拒绝以适当的法律形式准备他们投票通过的起诉书。相反，我认为法院可以适当地强制地区检察官充当大陪审团的代笔法律人。因此，法院可以命令地区检察官以法律形式准备起诉书。"另一位法官撰

---

❶❷ United States v. Cox, 342 F.2d 167, 171–196 (5th Cir. 1965).

写的协同意见认为，大陪审团的职能是调查和报告，而非起诉。从 1166 年到 1965 年，没有一个案例证明法院可以强制检察官准备并签署大陪审团所要求的起诉书。"《联邦大陪审团手册》第 8 页对大陪审团的职能有如下描述：大陪审团既是正义之剑，也是正义之盾——剑是因为它可以威吓罪犯，盾是因为它可以保护无辜者免受不当追诉。但这些重要的权力显然也带来了同样重大的责任，即确保这些权力不被篡改或滥用。大陪审团的权力几乎是无限的，除非出于最崇高的正义感，否则它可能会认定证据不足却提出起诉，从而成为压迫我们公民的根源。""任何一位法官的立场都没有忽视或倾向于削弱联邦大陪审团纯粹的审问调查作用。但是，当这一角色超出了调查和报告的范围，变成了起诉，大陪审团就没有了传统或宪法神圣不可侵犯的光环。大陪审团在《权利法案》(Bill of Rights) 中的地位是靠它的盾牌，而不是靠它的剑。"❶

判决意见表明："由于《权利法案》承认大陪审团具有盾牌般的功能，是基本权利的基石，因此可以公平地说，国家政策倾向于对大陪审团保护个人免受官方暴政侵害的权力作出自由的解释。没有一项国家政策倾向于让大陪审团扮演控诉者的角色。因此，我们寻找并期望找到一种对其不公正追诉的制约，类似于大陪审团对政府不公正追诉的制约。"❷

"因此，无论大陪审团是像《联邦大陪审团手册》所规定的那样被视为法院的一个分支机构，还是被视为源于人民的一个特殊机构，这都无关紧要。重要的是，根据宪法的制衡理论，行政部门不起诉的权力，因而不采取必然导致起诉的措施的权力，是

---

❶❷ United States v. Cox, 342 F. 2d 167, 171–196 (5th Cir. 1965).

对大陪审团的适当制约。如果大陪审团和地区法院的意见不一致，这种制衡就尤为必要；如果意见不一致，地区法院当然可以解散大陪审团。如果社会对个别或整个种族的犯罪嫌疑人抱有敌意，而这种敌意可能会危及小陪审团的司法公正，那么便更有需要进行制衡。简言之，如果我们赋予'提交或起诉'同样的含义，就像麦迪逊等人在第一届国会提出《权利法案》时赋予这些术语的含义一样，那么《权利法案》中的大陪审团条款是双向的：它防止大陪审团或控方通过不公正的起诉进行骚扰、恐吓和压迫。"❶

联邦最高法院认可第五巡回法院的论证，并指出"行政部门检察官的决定不起诉……长期以来，人们一直将其视为行政部门的特殊部分"❷。下级联邦法院遂以此为依据，捍卫其对检察官的决定采取的不干涉立场，由于检察裁量权的行使处于行政职能的核心，通过施加司法审查来限制裁量权将破坏传统。

（二）司法为何不能审查检察裁量权

司法审查是法院权力的重要组成部分。联邦法官通常会对其他政府部门的决定进行司法审查，法院既审查其他行政部门行使权力，又履行自己解释和适用法律的重要职责。❸ 美国联邦最高法院已在行政法中解决了这些问题❹，并制定了司法审查原则，使行政机构在履行职能的同时防止其滥用权力。

---

❶ United States v. Cox, 342 F. 2d 167, 171-196 (5th Cir. 1965).

❷ Heckler v. Chaney, 470 U. S. 821, 832 (1985); see also United States v. Armstrong, 517 U. S. 456, 464 (1996).

❸ Marbury v. Madison, 5 U. S. (1 Cranch) 137, 177 (1803); see also United States v. Abreu, 747 F. Supp. 493, 502 (N. D. Ind. 1990).

❹ Accord Rachel E. Barkow, Separation of Powers and the Criminal Law, 58 *Stanford Law Review* 989, 993 (2006).

其他行政机关的行为都受到司法审查,依据《美国法典》第5编第706条,如果法院认为行政机关的决定是武断的、反复无常的、滥用自由裁量权的或不符合法律规定的,则法院可判决该决定为非法并予以撤销。❶ 行政机关必须阐明其决定具有理性的、法律上可接受的理由。❷

但在关于起诉自由裁量权的判例法中可得出两个结论:其一,联邦检察官拥有决定是否以及如何起诉案件的裁量权;其二,联邦法院无法审查检察官的决定。

是否起诉作为行政权力,不受司法审查,这使联邦检察官的广泛且不可审查的权力成为美国法律制度的反常现象。检察官的自由裁量权与其他权力是什么关系,尤其是在行政法中?制宪者的"不变的目标[是]以这种方式来划分和安排[政府]多个部门,每个部门可以制衡其他部门"❸,而其他部门几乎没有对检察权进行制衡。有学者认为必须限制检察权的理论基础在于,"将[现代]检察权合并在一个角色中会导致严重滥用职权"。❹

在刑事诉讼程序中,法院没有类似的保障措施来防止联邦检察官滥用职权。法院对检察官的不起诉决定没有司法审查权,联邦检察官也没有接受司法审查的义务。如果说法院认为检察官属于行政机关,不能对其进行司法审查,那就无法解释为何其他行政机关要接受法院的审查。法院对于行政机关和检察官自由裁量

---

❶ 5 U.S.C. § 706 (2) (A) (2006).

❷ See Motor Vehicle Mfrs. Association v. State Farm Mut. Auto Ins. Co., 463 U.S. 29, 43, 52 (1983).

❸ James Madison, The Federalist No. 51, in Alexander Hamilton, James Madison, John Jay, *The Federalist Papers*, edited by Rossiter Clinton, New York: New American Library, 1961, p. 322.

❹ Rachel E. Barkow, Institutional Design and the Policing of Prosecutors: Lessons from Administrative Law, 61 *Stanford Law Review* 869, 869 (2009).

权的司法审查是如此的不同，对拒绝审查检察裁量权的立场又如此坚定，难免引发理论争议。

(三) 行政特权说

考克斯案判决意见指出，"将起诉的自由裁量权通过司法部长赋予行政部门有两个原因。首先，为了司法公正有序和高效地执行法律，某些人或机构应当能够防止不公正的起诉。小陪审团作出无罪判决的自由，以及法律朝着更有意义地保障被告人宪法权利的方向逐步发展，在审判前后为个人提供了相当可观的保护。它们并不保护个人免受毫无根据的起诉。这是对被告人的骚扰，也是对司法机制的昂贵压力。与大陪审团的职责不同，检察官的职责是收集案件正反两方面的证据。其次，如果由于国家安全、外交政策的执行或政府两个部门之间的冲突而涉及国家政策，那么解决问题的适当部门就是行政部门。行政部门负责执行有关国家政策，一般而言比专业性更强的司法和立法部门掌握更多信息。在这种情况下，不起诉的决定类似于行使行政特权。检察机关作为行政部门享有绝对和排他性的起诉裁量权"。❶

确实，在考克斯案中，检察官决定不起诉的理由与证据问题无关，该案事实清楚。"在此案中，检察长是在对案件进行了全面调查和长时间考虑之后，善意、合理地行使了自由裁量权——包括案件的正反两方面，而不仅仅是倾向于表明有罪的证据。"❷ 该案如果起诉就极有可能对黑人定罪，但定罪可能会在大范围内影响黑人行使选举权。两相对比，显然后者更为重要，为此检察官放弃起诉。

---

❶❷ United States v. Cox, 342 F. 2d 167, 171 (5th Cir. 1965).

"本庭和其他所有人都知道,如果起诉戈夫和肯德里克,他们就有可能在社会敌视的氛围中接受审判。他们有可能受到与罪行不符的惩罚。虽然地区法院实际上认定拉姆齐在证人席上没有说实话,但最初挑起诉讼的拉姆齐却没有任何风险。在这种情况下,最起码的司法要求是,将起诉裁量权交给一个不受地方偏见和狭隘压力影响的人或机构。这并不是一个难以定罪的案件。每当一个地区的习俗、信仰或利益与宪法或国会确定的国家政策发生冲突时,就会以这样或那样的方式出现这类案件。制定多元化管辖权的人不可能期望将提起联邦诉讼的自由裁量权交给地方大陪审团。该案之所以不同寻常,只是因为事实本身清楚地表明,在美国联邦主义中,起诉裁量权必须交由美国总检察长行使。"

"不起诉的决定是行使类似于行政特权的自由裁量权。作为法律问题,总检察长的结论是,没有足够的证据证明伪证罪。事实上,总检察长的结论是,正如他在美国诉华纳案中所辩解的那样,对伪证罪的审判不仅会阻止戈夫和肯德里克,而且会阻止密西西比州的其他黑人登记投票。因此,社会在执法方面对被告人定罪的利益与《美国宪法》和《民权法案》中规定的禁止种族歧视的国家政策之间存在冲突。令人匪夷所思的是,影响整个国家的这一重要冲突问题竟然由密西西比州南区选出的 23 名大陪审团中的多数成员来解决。从《美国宪法》与《邦联条例》(*Articles of Confederation*)之间的差异来看,美国联邦主义的性质要求解决这一问题的权力属于美国总统或其执法副手——司法部长——不受约束的自由裁量权。"❶

第五巡回法院对考克斯案的判决在明确了检察官属于行政官

---

❶ United States v. Cox, 342 F. 2d 167, 171 (5th Cir. 1965).

员、检察裁量权属于行政权力的基础上,将其视为一种类似行政特权的权力,其来自总统及其助手。起诉裁量权是基于更全面的执法目标,基于对具体案件中更为丰富的有罪无辜信息的掌握,基于对国家安全、内政外交需求的政策衡量,因此不受司法审查是出于更广泛的考量因素。

(四) 大陪审团与检察官裁量权

考克斯案的上诉审判决结果有些复杂,因为还涉及检察官和大陪审团的关系。总检察长能否命令检察官在大陪审团起诉书上不签字,从而使大陪审团的起诉书无效?对于大陪审团作出的起诉决定及其起诉书,美国联邦最高法院表示:"大陪审团起诉书体现了大陪审团成员提出的公诉,联邦检察官的签名只是证明了大陪审团的行动。而检察官起诉书则由代表政府的检察官负责,意味着他以官方身份对事实进行了调查。"[1]

大陪审团的起源比美国建国更早。美国把几百年前发展起来的英国大陪审团制度作为美国起诉犯罪的法律的一部分,美国宪法也采纳了大陪审团制度。由此可见,对于大陪审团是否可以履行行政部门的某些职能,无须也难以作出明确区分。例如,第七巡回法院认为,"虽然从某种意义上说,大陪审团是我们法院系统的一部分,但在行使其传统职能时,它拥有独一无二的独立性。它的权力不是来自美国政府的三个基本部门,而是直接来自人民本身。"[2]

---

[1] Crowley v. United States, 194 U.S. 461, 475 (1903).

[2] Costello v. United States, 1956, 350 U.S. 359, at 361, 76 S. Ct. 406, 100 L. Ed. 397; Ex parte Bain, 1887, 121 U.S. 1, 10, 11, 7 S. Ct. 781, 30 L. Ed. 849; In re April 1956 Term Grand Jury, 7 Cir. 1956, 239 F. 2d 263, 268, 269.

第五巡回法院称,"起诉书可以被恰当地描述为刑事案件中的一种诉状,但它构成了大陪审团而非总检察长的行动。从逻辑上讲,没有人会认为总检察长或地区检察官倾向于提出公诉,因为在审议期间或当大陪审团成员投票通过起诉或不起诉决定时,他们都不得留在大陪审团的评议室里。总检察长可以进行调查,但他就事实得出的结论对大陪审团没有约束力。大陪审团的调查权不受限制。他们的信息来源不限于调查机构展示的事实,也不限于总检察长或地区检察官提供的信息。检察官和法官往往都不同意小陪审团和大陪审团的行动,也可以采取纠正性的法律措施,但无论是大陪审团还是小陪审团,都不能被迫遵循法院或司法部所希望的行动方针。"

考克斯案的少数法官认为,"《美国联邦刑事诉讼规则》第7(c)条明确要求地区检察官在大陪审团起诉书上签字。第11条规定:'检察官的签名构成以下证明:其已阅读诉状;就其所知和所信,有充分理由支持该诉状;且该诉状的提出并未拖延。对于故意违反这些规则的检察官,可对其采取适当的纪律处分。'""关于法院正在审理的案件,我们同意布朗法官的意见,即联邦检察官必须应大陪审团的要求,按照大陪审团的愿望起草起诉书。因此,法院大多数法官都支持这一观点。我们进一步认为,联邦检察官必须签署大陪审团可能认定的任何起诉书。对于驳回代理总检察长的上诉和驳回禁止令申请,我们同意多数意见。然而,我们将维持对联邦检察官藐视法庭的判决。"❶

结合联邦法院对大陪审团与检察官之间关系的理解,考克斯案的判决结果与联邦最高法院在美国诉汤普森案(United States v.

---

❶ United States v. Cox, 342 F. 2d 167 (5th Cir. 1965).

Thompson）案中的看法并不相悖："联邦法院无权控制刑事诉讼的启动，这是联邦地区检察官的特权和职责。"联邦法院普遍承认并认可联邦地区检察官以其所在地区的检察官身份，拥有像英国普通法规定的总检察长的权力并承担其职责。检察官是公众的代表，拥有不受法院控制、不受有利害关系的个人控制、不受有利害关系的团体控制的自由裁量权。❶

三、刑法扩张背景下的检察裁量权

现代美国联邦刑事司法系统为检察官提供了空间，使其作出许多对刑事被告人产生重大影响的决定，且基于各种理由从不需要在法庭上接受审查。其结果是实践中的起诉自由裁量权比判例法所允许的更为广泛。繁杂的联邦刑法典、沉重的案件量及普遍的认罪协商都增加了联邦检察官对刑事案件结果的影响力。

（一）联邦刑法上暴增的罪行需检察裁量权处置

美国自建国 200 多年以来，联邦刑法有实质性的增长。在 1873 年 12 月修订的法规中，联邦刑事法上有 183 项独立的罪行。现行《美国法典》第 18 编的刑法条文包含一千多种不同的罪行。有学者从制度上解释联邦法加强犯罪化、刑事化的现象，分析了导致刑法扩张的立法、司法和行政部门的动机，其中检察官的自由裁量权发挥了一定的作用。首先是立法机关和检察官的关系。"自由裁量权使立法者不必担心过多的刑事定罪，因为并非所有应被定罪的行为都会被起诉；同样，立法权也解放了检察官，扩大

---

❶ United States v. Thompson, 1920, 251 U.S. 407, 40 S. Ct. 289, 64 L. Ed. 333.

了他们的起诉选项范围。其次是立法机构与法院之间的关系：刑事法规的积累会限制法院，既剥夺了法院制定法律的机会，也削弱了模糊原则和宽严相济原则等司法工具的作用。最后是检察官与法院之间的关系：检察官利用立法者给予他们的起诉机会来促成认罪，从而对法院形成制约。当然，认罪可以完全避免判决；事实上，被告人认罪让法院几乎无从发挥作用。请注意这些关系的性质：检察权和立法权相辅相成，共同使法院边缘化。"❶

当刑事法对犯罪行为的规定重叠，同一罪行可触犯多个不同罪名，则检察官可以在不同罪名的法条中选择起诉，只要不是基于对被告人种族、肤色、宗教信仰等法律不容许的歧视性因素。"当某项行为违反一项以上的刑事法规时，检察机关可以根据其中一项起诉。"这一规则为检察官提供了比美国联邦最高法院在1979年所认可的更广泛的裁量权。"实体刑法涵盖的领域越大，法律在刑罚分配中发挥的作用就越小。"❷

（二）积案与认罪协商使检察裁量权愈加重要

罪名和罪行的扩充导致刑事案件数量增多。检察官需要在短时期内处理大量案件，将每个案件交付陪审团审判的司法资源不足，这使美国认罪协商的适用相当普遍，而陪审团审判则越来越少。鉴于检察官在认罪协商中评估罪责并选择认罪的罪名，该罪名对应着美国量刑委员会发布的参考性的量刑指南，法官的量刑往往是在指南范围之内。因此，检察裁量权的行使几乎影响了刑

---

❶ See William J. Stuntz, The Pathological Politics of Criminal Law, 100 *Michigan Law Review* 505, 514 (2001).

❷ see William J. Stuntz, Plea Bargaining and Criminal Law's Disappearing Shadow, 117 *Harvard Law Review* 2548, 2550 (2004).

事司法程序的每个步骤,从起诉到量刑。认罪协商过程提高了检察官在刑事诉讼中的重要性,从而在表面上、形式上看起来法院在刑事诉讼中的功能、作用、重要性受到了影响。有鉴于此,出现了"检察裁判"或"检察官裁判"一词❶,意指检察官充当"核心的事实裁判者并取代法官成为大多数法律问题和量刑的裁判者"❷。

四、认罪协商与检察裁量权

认罪协商是美国刑事案件的主要定罪方式。检察官给予被告人在起诉罪名、起诉罪行、起诉事实范围、量刑建议、刑罚执行等方面的从宽处理,被告人在辩护律师的有效辩护之下自愿、知情、理智地认罪,并通过辩护律师与检察官达成认罪协议。被告人的认罪与陪审团审判定罪或者法官审判定罪一样构成法院判决有罪的基础,在此基础上法官只需要予以量刑并作出判决。一百年来认罪协商在联邦法院系统发展迅猛,1908 年,50% 的定罪来自认罪协商,1916 年是 72%,1925 年是近 90%,1993 年是 88.5%,2015 年是 97.1%,陪审团审判和法官审判定罪仅占 2.9%。联邦法院管理办公室确认通过审判定罪的案件自 1970 年以来显著下降了。1973 年法院开庭审判了 8529 件刑事案件,2016 年仅有 1859 件。1970 年美国联邦法院仅有 394 位法官,2015 年已有 663 位法官,1970 年每位法官平均开庭审理 21 件刑事案件,

---

❶ Gerard Lynch 在 2015 年使用了 "prosecutorial adjudication" 检察裁判一词。See Gerard E. Lynch, Our Administrative System of Criminal Justice, 83 *Fordham Law Review* 1673(2015)。

❷ Gerard E. Lynch, Screening Versus Plea Bargaining: Exactly What Are We Trading Off? 55 *Stanford Law Review* 1399, 1403-04(2003)。

而 2016 年人均仅开庭审理 3 件。❶ 一般而言，认罪协商之所以成为美国刑事司法办理刑事案件的主要方式，被广泛认为是由于积案压力大，案多人少。但基于联邦法官人均年开庭审理 3 件的数据，所谓案多人少的说法似乎已经不再有道理了。

（一）过度起诉获得谈判优势

检察官的起诉自由裁量权有两个方面的主要权力，即是否起诉和认罪协商。就其认罪协商权力的具体行使空间而言，检察官对案件是否起诉、起诉什么罪名等享有自由裁量权，在垂直起诉和水平起诉方面都有裁量权。其中，垂直起诉是起诉同一犯罪行为、同一罪名之下的不同级别。例如，是起诉殴打 2 级还是殴打 3 级，如果证据证明不了 2 级就可以起诉 3 级。水平起诉则是起诉同一犯罪行为所能触犯的不同罪名。例如，街头打斗案件中可能同时触犯殴打、伤害和扰乱秩序等多个罪名。与我国刑法理论上的想象竞合犯、牵连犯、吸收犯从一重罪论处不同，美国检察官在某些案件中可以对同一行为起诉多个罪名，只要各罪名需要证明的犯罪事实要素不同。

检察官自由裁量权隐含了过度起诉的权力。一种是垂直起诉中的过度起诉，检察官起诉的罪名比能证明的更严重。检察官起诉被告人犯有更严重的罪行，但实际上检察官证明不了。另一种水平起诉中的过度起诉，检察官认为被告人犯有一项应被起诉的罪行，但提起了多项起诉罪名，罪名写满整页纸的案件也不少见。

检察官过度起诉的目的是向辩护律师和被告人施加某种形式的压力，以便获得在认罪协商中的谈判杠杆或筹码，可以在与辩

---

❶ United States v. Walker, No. 2：17-cr-00010, 2017 WL 2766452（S. D. W. Va. June 26, 2017）.

护律师的认罪谈判中取得心理优势，诱使甚至威吓被告人不选择陪审团审判而是直接认罪。对检察官而言，陪审团审判效率低下，对被告人权利的保障更充分，审判结果更难预测，因此检察官有充分的动机过度起诉，以便逼迫被告人尽快认罪结案并避免陪审团审判。一旦被告人不认罪，案件就要付诸陪审团审判，诉讼结果对检察官几乎总是不利的：一是导致检察官积案沉重；二是审判结果的不确定性强，外行陪审团遵循无罪推定之下的排除合理怀疑标准，由检察官承担证明责任，无论准备工作做了多少、多充分，控方仍然可能会败诉。被告人认罪是检察官确定的胜利，"半块面包比饿着强"。美国联邦法院也认可检察官在谈判桌上的利益就是怂恿被告人放弃不认罪的权利，不要选择通过陪审团审判和法官审判来审理事实。

除起诉的权力以外，检察官还拥有认罪协商的权力。认罪协商是刑事司法系统的必要组成部分，只有很少一部分联邦刑事案件经过法庭审理，超过 97% 的联邦刑事定罪通过认罪协商的方式获得。检察官允许被告人认罪或者向控方提供实质性帮助，以换取不起诉、撤回起诉或者较轻刑罚。检察官在认罪协商中拥有所有控制权，他们是发起人、管理人。实际上如前文所述，检察官的起诉权力与认罪协商权力密切相关，尤其是过度起诉的目的就是使检察官取得辩诉谈判的优势地位，对被告人施加压力迫使其接受不利的认罪协议。

检察官几乎拥有认罪协商的全部权力，可能会滥用认罪协商。检察官可以选择是否进行认罪协商，可以选择提出什么提议，提议也可以改变。辩方会把认罪协商与法官独立量刑的结果相对比。《美国联邦量刑指南》为了促进联邦刑事案件量刑的一致性，削弱了法官先前拥有的量刑裁量权，法官依据量刑指南进行的量刑更容易预测,如果法官的量刑更轻,则被告人更可能不认罪、选择陪审团审判被定罪并接受法官的量刑。这就要求检察官提供比法官更低的刑期,以使被告人认罪。事实上,被告人一旦被陪审团定罪,法官依据《美国联邦量刑指南》的量刑会比检察官提议认罪的量刑建议重得多。这客观上使检察官通过认罪协商影响案件结果的能力更强了。

(二)影响裁量的多种公共利益

起诉和认罪协商的裁量权受到很多因素的影响,其中很大程度上受到隐性偏见的影响,隐性偏见在检察官的裁量行为中起着重要作用。显性偏见是个人或群体有意识的先入为主的观念。常见的例子是某个白人认为所有的黑人都是罪犯并且意识到这种偏见。隐性偏见是个人或群体的无意识的先入为主的观念,受影响的人不知道有先入为主的观念并认为自己是公正的。隐性偏见通常不如显性偏见那么明显,即使是有偏见的人自己也意识不到。

在影响检察官裁量权的因素中,种族、民族、国籍、性别、性倾向等是不被允许的裁量因素,这些因素对裁量权不应有任何影响,裁量权的行使应完全独立于性别、种族等。但罪行、前科、被害人、年龄等因素是客观上影响检察官裁量的重要因素。

第一,嫌疑人当前罪行是检察官行使裁量权最重要的影响因素,影响管辖法院、出庭地点、保释金数额,如果定罪的话可能影响刑期。当前的罪行是嫌疑人被起诉的原因和案件核心。罪行越轻,检方就越愿意使用自由裁量权给予更轻的刑罚;罪行越重,检方自由裁量权的空间就越大。

第二,前科劣迹很重要,因为它可以衡量嫌疑人的再犯可能性。如果前科很多,嫌疑人可能是职业犯,以犯罪活动为生,未来再犯的可能性就很大。如果没有前科或者前科很少，那么嫌疑人可能不会再犯，因其不以犯罪为生，诉讼本身对其也是严厉的威慑，使其以后不敢再犯。重罪前科极为重要，即使是有一次重罪前科的人，由于可能受到强制性最低刑的限制，也难以从检察官处获得宽大。轻罪前科非常重要，违法记录也很重要。轻罪比违法更严重，与仅犯有违法行为的嫌疑人相比，犯有轻罪的嫌疑人受到的对待不那么宽大。

第三，逮捕记录也较为重要，从逮捕记录中可以概括地了解嫌疑人的先前行为。在某些案件中，嫌疑人是否因同一罪行多次被捕很重要，如果过去在逮捕中获得了宽大处理，则不太可能为当前涉嫌的犯罪获得宽大处理。

第四，涉案被害人数往往会影响检察官愿意让步的余地。被害人越多，余地就越小。如果犯罪影响了许多人的生活，侵害了多人的权利，检察官就不太愿意让刑事司法系统对嫌疑人更宽容。此外，被害人作为证人很重要但并不总能做好，甚至也可能会不诚实，从而影响检察官对案件的信心和同情心，也可能影响起诉决定。

第五，轻罪或非暴力犯罪嫌疑人的年龄对检察官的起诉及认罪协商的影响较大。对于极年轻和极年老嫌疑人两个极端，检察官往往提出较轻的起诉和认罪协议。因为年轻人的人生还长，被视为走错了路犯下了错，并希望帮助他。如果嫌疑人能够意识到犯罪的严重性，能够面对被监禁的现实及其后果，那么检察官希望通过诉讼震慑其不再犯。如果年轻的嫌疑人仍然可以并且愿意改变，就可以考虑给他机会，不使其受到重罚以致被困在体制中。老年人被判入狱则可能会在狱中终老余生。但是年龄的影响只会出现在不太严重或非暴力的犯罪中，罪行越严重，年龄对起诉和认罪协商的影响就越小。

第六，职业在某些案件中对检察官裁量权有影响。当被告人从事法律行业（如警察、律师）时，检察官必须特别小心，偶尔会改变其处理案件的方式，但一般不会影响结果。当可能涉及嫌疑人职业和生计的资格刑时，检察官也须意识到这对嫌疑人经济能力的影响。

第七，社会经济地位仅在某些案件中才重要。例如，没有经济来源的人盗窃生活必需品，检察官可能会起诉较轻的罪行或者可能根本不起诉，因为检察官谅解犯罪动机。检察官还可能会考虑嫌疑人在法庭上的举止、心理健康、是否成瘾、被害人是否弱势群体等因素，如果有的嫌疑人是缺乏思考能力和自制力导致犯罪的，检察官可能会给予宽大处理。

检察官需要考虑每个案件的所有影响因素，避免严重的错误或者疏忽，有些被告人认罪悔过愿意承担责任，检察官就会给其机会，有的被告人无法改变只能继续起诉。在检察官看来，真正的麻烦是年轻人多次犯罪，罪行越来越严重，而检察官只能通过起诉裁量权来帮助其避免未来的长期监禁。

检方存在不当行为的可能性。虽然其他检察官可能会发现同事的不当行为，但辩护律师或法官更容易发现检方不当行为。曾有检察官扔掉重要文件，如无罪材料，这很容易做到且难以发现。因为辩护律师通过证据开示从控方那里获得大部分案件的信息和证据，如果检察官丢弃重要文件，辩护律师可能永远不知道。有无辜者在毒品案件中被定罪，就是因为被告人在毒品鉴定意见作出之前就已认罪并被定罪处刑，其后鉴定机构作出不是毒品的鉴定意见就此消失不见。这显然也是控方不法行为：隐藏无罪证据

致使无辜者入狱。❶

　　大多数起诉不当行为并非源于检察官的主动和恶意，故意恶意损害司法公正的检察官很少见，检方不当行为更多是源于疏忽、无能或隐性偏见等问题。在这些问题中，隐性偏见更为重要，是大部分检方不当行为的根源。通过培训增强对偏见的自我意识、积极互动和同理心，可以考虑作为问题解决方案，其他解决方案比如创建内部机构，赋予法官进一步监督检察官的权力，办理所有涉嫌不当行为的案件并将详细信息记录在不当行为档案中。有的检察官不相信或不太了解隐性偏见，却执行反隐性偏见策略，主要是让同事帮助检查案件和作出的决定，这种策略并不能减少检察官的隐性偏见，但它可以防止偏见对案件结果产生太大影响。在某种程度上，检方不当行为和检方疏忽、无能有区别。由于疏忽、无能所导致的检方错误比故意要多得多。虽然有检察官行为规则和保障措施（如有关期间）的规定，以预防疏忽大意等，但显然是不足的，需要更多措施。

　　检方不当行为导致无辜者被定罪的代价沉重，通过人身保护令、无辜者法案、无辜者计划或者检察机关设立的公正定罪部门可以帮助被告人洗冤，但是洗冤过程极为困难。洗冤后被告人可获得赔偿，行为不法的检察官应负其责任。❷ 在行为不当的检察官中，因为不法行为导致无辜者入狱而被判自由刑的检察官只有一位，仅4%受到职业道德纪律处罚，只有极少数受到严厉处罚，如

---

❶ 参见祁建建："美国涉认罪案件无辜者之识别与救济"，载《法律适用》2019年第24期。

❷ 参见祁建建"美国无辜者被定罪及其纠正的程序研究——无辜者修正美国刑事司法"，载《中国刑事法杂志》2014年第5期。

吊销律师执业证。❶

（三）检察官与认罪协商中的被告人权利

认罪协商改变了刑事诉讼的结构，被告人在认罪协商中的宪法权利往往需要重新申明或界定。以正当程序权利为例，美国联邦最高法院1978年的判例表明：如果检察官在与辩护律师认罪协商期间威胁辩方，如被告人不认罪，检察官将向大陪审团发起以终身监禁为强制性最低刑的起诉，这并没有侵犯刑事被告人的正当程序权利。原因如下。其一，认罪和通常伴随的认罪协商是美国刑事司法制度的重要组成部分，如果管理得当，它们可以使所有相关方受益。其二，虽然因为某人做了法律所允许的事情而对他施加惩罚是违反正当程序的，但只要被告人可以自由地接受或者拒绝检察官的提议，辩诉谈判的互惠互利（give-and-take）就不会有这样的惩罚成分。其三，法院已经接受了一个简单的现实，即检察官在谈判桌上的利益是怂恿被告人放弃不认罪的权利，这是符合宪法的。❷

基于以上判例，律师帮助辩护的重要性对于认罪协商不言而喻，因为律师帮助辩护是对辩诉谈判中控方权力为数不多的制约。在该案判决时，根据正当程序条款，美国联邦和50个州均保障嫌疑人、被告人的律师辩护权，通过律师有效帮助辩护对辩方予以平等武装。该案判决6年后的1984年，美国联邦最高法院作出了关于无效辩护的判例，对律师错误导致案件不利结果的被告人予

---

❶ Daniele Selby, Only One Prosecutor Has Ever Been Jailed for Misconduct Leading to a Wrongful Conviction, Innocent Project, https://innocenceproject.org/ken-anderson-michael-morton-prosecutorial-misconduct-jail/，2024年9月20日最后访问。

❷ See Bordenkircher v. Hayes, 434 U.S. 357, 363 (1978).

以救济。❶ 辩护律师通过检方证据开示对案件事实证据充分知情❷，检察官和辩护律师的协商高度专业化、平等化。检察官的"重刑重判威胁"，由辩护律师判断有无证据支持。对于无证据支持的，辩护律师应予驳回；如有充分证据支持，辩护律师要向被告人正确分析现状和前景。如果基于律师的错误导致无效辩护，则被告人可以获得救济。基于正当程序和平等保护等重要权利，在刑事司法的复杂结构中建立了一定的平衡。

（四）公共利益与法院驳回认罪协议

美国联邦法院在对待认罪协商问题上，与对待检察官不起诉的审查态度有所不同。根据《美国联邦刑事诉讼规则》第11（e）条，联邦法官有权接受或者驳回认罪协议，其中C类协议意味着接受协议就必须按照协议中商量好的量刑条款来量刑。在2017年，有联邦法官在某毒品案中接受了被告人认罪，但推迟接受被告人与检察官提出的认罪协议，并指示检察官限期提交一份书面文件，详细说明该案中提出的认罪协议是否及如何符合美国诉沃克案（United States v. Walker）中提出的四要素要求。最终，法官认为检察官提出的认罪协议理由不足以平衡刑事司法系统的公共利益，拒绝接受控辩双方所提出的认罪协议。❸ 这位联邦法官拒绝了多个案件中控辩双方提出的认罪协议，理由是"司法的尺度倾向于拒绝认罪协商，除非能让我相信，具体案件中特定因素的权衡足够重要，可以胜过公众对刑事司法系统公开透明的关注

---

❶ 参见祁建建：《论有效辩护权：作为一种能够兑现的基本权利》，中国政法大学出版社2018年版。

❷ Brady v. Maryland 373 U. S. 83 (1963).

❸ United States v. Stevenson, No. 2：17-cr-00047, 2018 WL 1769251 (2018).

和兴趣"❶。

美国联邦第二巡回法院的判决意见是,法官一旦认为认罪协议不符合公共利益就应当予以驳回,侵害公共利益的认罪协商不公正。关于刑事司法中的公共利益,沃克案提出了四个判断要素。第一,法官应当考虑犯罪行为的社会文化背景。该案的背景是弗吉尼亚州深受海洛因和鸦片成瘾的伤害和困扰,美国面临全国性的毒品危机。第二,权衡公众参与刑事司法的利益。毒品危机使公众高度关注毒品犯罪的裁判,如果实行陪审,陪审团成员能够更多地了解危机及应对,引发的媒体关注可以使人关注毒品犯罪并维护法律的权威。第三,考虑该案犯罪的性质,该案起诉书中所涉海洛因和其他鸦片类药物属于恶性犯罪行为,拒绝陪审团公开审判是否会妨碍必要的"社会净化"。第四,要求法官考虑认罪协议是出于促进司法公正还是出于权宜之计。该案以一项涉枪和五项贩毒罪行换取对一项贩毒罪名的认罪,法官认为认罪协商的主要动机似乎是权宜之计。❷

沃克案法官认为,美国的民主是参与式民主,美国是参与式民主国家,这种参与必须延伸到司法系统。美国人民通过陪审制参与刑事司法。如果刑事案件不提交审判,人民就被剥夺了参与刑事法实施的权利。因此,法官必须认真考虑认罪协商,以维护人民观察和参与司法民主的利益。公众对陪审团审判的兴趣是民主参与的性质。公众有兴趣通过公开进行的陪审团审判参与刑事

---

❶ United States v. Stevenson, No. 2:17-cr-00047, 2018 WL 1769371, at 1 (S.D. W. Va. Apr. 12, 2018); United States v. Walker, No. 2:17-cr-00010, 2017 WL 2766452 (S. D. W. Va. June 26, 2017); United States v. Wilmore, 282 F. Supp. 3d 937 (S. D. W. Va, Oct. 10, 2017).

❷ United States v. Walker, No. 2:17-cr-00010, 2017 WL 2766452 (S.D. W. Va. June 26, 2017).

司法，陪审团审判将会向社会揭示毒品贩卖和滥用的黑暗细节，这是认罪协商无法达成的，而毒品危机也无法通过认罪协商向社会公众传播，达不到陪审团公开审判所能够达到的效果。这一案件的公开审判所传播的毒品危机信息对公众有价值，其中蕴含了公共利益。法官不容许检察官和辩护律师及被告人在桌子下面解决严重毒品犯罪的起诉罪名，剥夺社会成员了解毒品犯罪严重性和危害性的机会。❶

除美国联邦第二巡回法院之外，其他联邦法院也在判决中支持法官驳回认罪协商的裁量权。美国联邦第九巡回法院认为，如果法官根据案件具体事实情况认为认罪协议中要求法院判处的刑罚畸轻或者不符合公共利益，法官可以适当行使裁量权拒绝接受认罪协议。❷ 美国联邦第十巡回法院也曾认为《美国联邦刑事诉讼规则》第 11 条是为了保护被告人，同时第 11 条也期待当法院认为认罪协议的量刑畸轻或者不符合公共利益时可驳回协议。❸ 美国联邦第五巡回法院认为，对于对被告人过度优惠以致违反公共利益的认罪协议，如果法官没有驳回认罪协商的裁量权，那么《美国联邦刑事诉讼规则》第 11 (e)(2) 条允许法官推迟接受协议在很大程度上就没有意义了。❹ 至于为什么法院对要不要接受认罪协商必须有自由裁量权，美国联邦第一巡回法院认为，有罪判决不仅影响法院和被告人，还影响公众。❺ 可见多个联邦法院以公共利益为由论证法官驳回认罪协议的裁量权。

---

❶ United States v. Walker, No. 2：17-cr-00010, 2017 WL 2766452 (S. D. W. Va. June 26, 2017).

❷ In re Morgan, 506 F. 3d 705, 712 (9th Cir. 2007).

❸ United States v. Carrigan, 778 F. 2d 1454, 1462 (10th Cir. 1985).

❹ United States v. Bean, 564 F. 2d. 700, 704 (5th Cir. 1977).

❺ United States v. Bednarski, 445 F. 2d 364, 366 (1st Cir. 1971).

作为沃克案主审法官论证基础的公共利益是基于两个因素：毒品危机背景及公众对刑事司法的民主参与。该案法官在判决中关注的不是具体案件的量刑畸轻，而是从个案出发立足全局，提出了个案中畸轻的认罪协议造成作为系统性问题的公共利益受损的危害，包括通过公开的陪审团审判宣传毒品案严重危害性的法律教育价值和严厉打击毒品犯罪的公共安全价值。但该判决既不能修订政策也没有确立新的规则，法官只是表示自己目前这样裁判，以后也将照此办理。但是，弗吉尼亚州有 10 名联邦法官和其他州法官，其他法官未必如此裁判。

沃克案法官没有论证被告人在认罪协商背景下类案同判的平等权益。目前美国绝大部分刑事案件都通过认罪协商解决，法官裁判的背景是认罪协商案件占压倒性数量的刑事司法现实。毒品案件附带的强制性最低刑是被告人极力避免的，被告人可以在辩护律师帮助下知情自愿理智地认罪争取较轻的刑罚。如果法官在裁判中将关注的中心集中于被告人权利和利益，将被告人放在认罪协商普遍适用的背景下，考虑自己驳回认罪协议是否使被告人处于与其他同类被告人相比更加不利的地位，那么法官可能会为了平等对待被告人而接受认罪协议。沃克案判决意见完全不提被告人利益也不考虑类案同判，仅考虑庭审的教育功能、公共安全、民主参与等公共利益，从而合理地得出驳回协议的结论。

沃克案也没有论证检察官在认罪协商中的裁量权。起诉哪些罪行和哪些量刑建议均属检察官起诉自由裁量权的范围。检察官通过辩护律师向被告人提出认罪提议，与被告人的辩护律师进行谈判协商，确定认罪协议的条款、罪名、量刑建议甚至服刑机构和刑罚执行方式。对于非 C 类协议，法官有权接受认罪协议但不按照协议来量刑；而对于 C 类协议，法官一旦接受协议就要遵守协议据以量刑，接受协议就意味着必须在判决书中体现协议的量刑条款。C类协议中的量刑条款对法官有约束力，法官如果不想遵守协议，依法不接受协议或者有权延期决定。

从长远和全局来看，认罪协商中的被告人权益、检察官起诉裁量权和法官所秉持的公共利益的冲突问题涉及检察官自由裁量权、法官自由裁量权、陪审团审判的司法民主价值、陪审制的教化功能、控制毒品犯罪、被告人权益的保障、法律的统一适用、量刑的均衡等重大问题，涉及更为复杂深刻的利益冲突。在美国法律背景下，有许多解决问题的方案：一是可能更适合在适当的时候经由立法途径在以上利益冲突中找到突破口；二是可能更适合由联邦最高法院在个案中作出有普遍指导意义的有说服力的判例；三是可能更适合像目前一样由低级别法院的个别法官这样在不同类型的犯罪案件中不停探索，直到初步形成共识后再采取前两种方案。以上方案谈不上哪个更好，可能这些案件中的利益冲突还不是根本性的，暴露出的问题还不足以引发舆论和政法界的重大关注，因此一揽子解决问题的时机还不成熟。

第四节　对检察裁量权的其他规制

检察官的刑事起诉职能是检察职能的核心，涉及大量在工作中运行的权力，这种权力实际上是不可审查的。是否起诉的决定是最重要的检察权，也是检察裁量权的核心。据此，检察官对人们的生命、自由、财产和名誉拥有巨大的权力，而检察官享有相当大的独立性，对检察官自由裁量权的制约是有限的，检察官被称为美国刑事司法系统最有权势的人物。

一、职业道德与内部纪律

美国检察官的权力和声望在过去二十年里发生了巨大的变化。其一，检察官比以往任何时候都拥有更多的权力。其二，检察官的起诉裁量不受司法审查。其三，检察官越来越不受职业道德规则的约束。❶ 有学者认为，有充分的理由认为对检察官起诉的近乎无控制与刑事诉讼制度追求的公平对待被告人和公众并不一致。❷

检察官在刑事司法系统中拥有巨大的权力，他们决定起诉何人，以及起诉什么罪行，制定审前和审判策略，通过起诉决定、认罪协商或选择适用量刑指南极大地影响判决结果。在审查检察官裁量权的各种途径里，纪律审查在对检察官起诉决定的监管和监督中发挥着作用。美国适用于检察官的律师职业道德规则及其解释由法院加以执行，是监管和监督检察裁量权的可行机制。法院通过执行职业道德规则及其纪律程序，对起诉决定进行有效的纪律审查。

检察官有各种形式的起诉不当行为，均需要补救措施。检察官的不当起诉决定被分为两种：任意和反复无常的起诉决定，如报复性起诉；歧视性的起诉决定，如选择性起诉。在美国联邦法院系统，联邦法院不得对检察官起诉决定进行审查与监管。有学者认为，"对于法官在决定刑事起诉的适当性中扮演何种角色这一

---

❶ Bennett Gershman, The Prosecutor's Duty of Silence, 79 *Albany Law Review* 1183 (2016).

❷ James Vorenberg, Decent Restraint of Prosecutorial Power, 94 *Harvard Law Review* 1521, 1525 (1981).

问题,标准答案是'几乎没有',并得出结论:这一标准答案误导了……而且在州刑事司法系统方面尤其具有误导性,因为绝大多数起诉都发生在州,而且在其中一些州的法官与在联邦刑事司法系统中的角色有明显的不同。"❶

法院通过对刑事案件的裁判及职业道德规则影响检察官起诉决定❷,法院对检察官和律师的职业道德纪律监管负有主要责任。对于检察官修改、撤回起诉,各州法院与联邦法院的情况不一致,各州法院之间也不一致。统计结果表明有13个州全面允许检察官灵活变更起诉,但33个州要求检察官在修改或撤回起诉之前需要法院批准——其中15个州明确授权法官有权拒绝他们认为不合适的认罪协商,其他的州施加了更多的限制。❸ 17个州赋予了审判法官为维护公正而驳回起诉的权力。❹

法院在刑事司法中与检察官之间的关系是变动的。美国联邦第九巡回法院曾在案件中承认,任意和反复无常的起诉及歧视性起诉都是侵犯被告人宪法权利、违反职业道德的行为,但实际障碍和宪法障碍削弱法官对不道德起诉决定予以救济的能力,而且法院认为,这些障碍不允许法院对任意和反复无常的起诉提供司法救济。美国联邦第九巡回法院认为"检察机关的起诉和认罪协商决定尤其不适合广泛的司法审查,[因为]这些决定涉及判断和自由裁量权的行使,而这些判断和自由裁量权往往难以以适合

---

❶ Darryl Brown, The Judicial Role in Criminal Charging and Plea Bargaining, 46 *Hofstra Law Review* 63, 63-65 (2017).

❷ See Bruce A. Green & Samuel J. Levine, Disciplinary Regulation of Prosecutors as a Remedy for Abuses of Prosecutorial Discretion: A Descriptive and Normative Analysis, 14 *Ohio State Journal of Criminal Law* 143 (2016).

❸ Andrew Manuel Crespo, The Hidden Law of Plea Bargaining, 118 *Columbia Law Review* 1303, 1364 (2018).

❹ Anna Roberts, Dismissals as Justice, 69 *Alabama Law Review* 327, 330 (2017).

司法评估的方式表达出来……"此外，"即使法院能够收集、理解和平衡所有这些因素，也会发现几乎不可能制定出检察官在未来案件中应遵循的指导方针。这样一来，检察官就不知道何时起诉，而法官也没有时间作出判断。"❶ 美国联邦第九巡回法院还称司法审查将使法院为了调查检察官裁量权，要求控方透露作出起诉决定的过程的细节，这可能违反某些程序的保密性；司法审查还会使法院深深卷入检察官办公室的起诉政策、惯例和程序中，对检察官的起诉决定进行二次判断，构成对政府另一部门的核心决定的司法纠缠或司法侵扰，不符合宪法赋予各部门的职责分工。❷ 鉴于保密性和司法纠缠的顾虑，法院不想介入，而是相信检察官和检察机关会采取必要措施消除起诉过程中的宪法瑕疵。

毕竟歧视性起诉是对被告人宪法权利的公然侵犯，检察官作为政府的律师，其行为将依据职业道德规则受到执业地纪律处分机关的纪律处分，如果法院愿意向检察官办公室发起对歧视性起诉的纪律投诉，可遵循纪律规则和调查处分程序。相关纪律规则如禁止"从事有损司法公正的行为"，"在与律师执业相关的行为中，从事律师明知或理应知道是基于种族、性别、宗教、民族血统、残障、年龄、性取向、性别认同、婚姻状况或社会经济地位的骚扰或歧视行为"❸。虽然用这些规则来禁止歧视性起诉可能没有强制力，但仍然有教育意义，且可以表达在这些问题上的明确态度。

鉴于目前没有明确规定歧视性起诉的相关纪律规则，有学者建议规定检察官歧视性起诉。例如，刑事案件的检察官不得以歧

---

❶❷ United States v. Redondo-Lemos, 955 F. 2d 1296（9th Cir. 1992）.
❸ Model Rules of Professional Conduct 8.4（American Bar Association 2023）.

视性的方式作出起诉决定,不得基于种族、宗教、国籍、民族、健康、年龄、性别、性取向、性别认同、婚姻状况、社会经济状况或其他原因作出起诉决定。纪律处分的可能性会对歧视性起诉产生额外的威慑作用。所以,即使不太可能有强制执行力,颁布这样一条规则也是有意义的。例如,该规则可以教育或提醒检察官,他们有不任意妄为的道德义务。事实上,许多道德规则从表面上看或在实践中似乎都不太可能强制执行,有些规则则完全是口号性的,无法执行。此外,该规则还可能起到表态作用,表明这是检察官和律师协会集体接受的道德原则,即使没有外来力量的执行。

与此相似的规则并不少见。例如,《美国律师协会职业行为示范规则》第 3.8(d)条要求检察官向辩方开示"倾向于否定被告人有罪"的证据,在刑事案件中,检察官应及时向被告人方展示检察官所知晓的、倾向于否定被告人有罪或减轻罪行的所有证据或信息,并且在量刑时,向被告人方和法庭开示检察官所知晓的所有减轻罪行信息,除非是特权信息或者法庭的命令免除了检察官的这一责任。这可能会强化检察官根据布雷迪诉马里兰案(Brady v. Maryland)向辩方开示重要无罪证据的宪法义务。有学者认为,无论从哪个角度来看,布雷迪案都没有达到预期的效果。布雷迪案明确了检察官有向被告人展示辩护证据的宪法义务,这比任何其他宪法规则都更有力地体现了检察官追求正义而非胜诉的核心道德义务。然而,多年来检察官并未给予布雷迪规则应有的尊重,检察官经常违反布雷迪规则并损害其权威,与其说这一

规则是公正的标志，不如说是检察官漠视和滥用职权的标志。❶

根据司法部司法手册的要求，每位联邦检察官和负责的助理检察官应制定内部办公程序，以确保在适当的级别上作出起诉决定，并与联邦起诉原则保持一致，以及在严重、不合理地背离司法手册规定的原则后，采取补救行动，包括在必要时实施纪律处分或其他适当的措施。联邦检察长或助理检察长还可以制定内部程序，对检察官的起诉决定进行适当审查、记录及纪律处分。❷ 这类程序的目的之一是通过规范各检察官办公室的决策程序，确保关于起诉的内部政策和决定的一致性，从而在适当的级别上作出决定并承担责任。同样重要的第二个目的是对那些严重、无正当理由背离合理起诉原则的检方行为进行适当的补救。

虽然有内部和外部控制，但有学者认为，对检察官滥用权力的最有效控制可能在于检察官自己的人格完整性、他/她对检察事业的承诺，以及重视公平正义超过胜诉的检察文化。❸ 司法部的司法手册也认为，联邦起诉原则是指导性的而不是强制性的，旨在在不牺牲必要灵活性的情况下防止不必要的差异。这些原则非常重要，但系统性的成功最终靠的是在联邦刑事司法程序中代表公众利益的检察官的品格、正直、敏感和能力。❹ 整个法律职业团体都应当以奉行共同的道德价值观和原则为前提，对道德行为作出

---

❶ Bennett L. Gershman, Litigating Brady v. Maryland: Games Prosecutors Play, 57 *Case Western Reserve Law Review* 531 (2007); Bennett L. Gershman, Educating Prosecutors and Supreme Court Justices About Brady v. Maryland, 13 *Loyola Journal of Public Interest Law* 517 (2012).

❷ See JM 9-27.130.

❸ Samuel J. Levine, Taking Ethical Obligations Seriously: A Look at American Codes of Professional Responsibility Through a Perspective of Jewish Law and Ethics, 57 *Catholic University Law Review*165 (2007).

❹ See JM 9-27.001.

真诚的承诺，而不是出于对可能强制执行的恐惧而勉强遵守道德规则。

但是，如果认为职业道德规则只需内心真诚的承诺，不必强制实施，不必经受任何监督审查，那就不像法律职业人士了。同时，职业道德规则也可能被滥用，如果过于模糊不确定、过度泛化，那么也可能通过被普遍认为是污名化的制裁来毁灭法律人的职业生涯和生存手段。

二、对检察裁量权的公共审查

检察官以近乎不公开的方式行使其巨大的权力和自由裁量权，特别是对是否起诉及起诉哪些罪行罪名、进行认罪协商的自由裁量决定，对个人、社会和政策产生巨大影响。为了鼓励检察官明智地行使权力且不滥用权力，公众需要知情并对检察官的自由裁量权进行公开讨论。

在知情的基础上公开讨论起诉裁量权并不简单，困难主要来自两个方面：首先，因为公众和非专业人士对检察官应如何行使其权力的理解是模糊的；其次，在具体案件中，专业人士也很难知道检察官采用了什么决策程序，以及检察官的决定考虑了哪些因素。

如果想讨论检察官滥用裁量权不起诉，是否确实证据不足、无法完成证明责任，需要对案件证据有相当程度的了解。如果在证据之外想讨论检察官是否滥用裁量权，需要具体分析。例如，有的检察官介入债权债务纠纷，起诉或者以起诉债务人相威胁，要求其清偿债务并从中协调偿还数额。也有检察官以严重的起诉罪名相威胁，起诉罪名的严厉程度与犯罪行为不成比例。这些案件中看起来都属于滥用权力,但是否真的属于权力滥用则需要进一步的深入分析。例如,使用检察官或检察长抬头的信笺催收债务的案件,是否属于滥用检察裁量权?

在谢里夫诉吉列案(Sheriff v. Gillie)中,根据俄亥俄州的法律,拖欠州公立机构和部门的逾期债务会提交给州检察长进行追讨或处置。州检察长任命私人律师作为独立承包商,并将其命名为"特别顾问",特别顾问代表州检察长履行讨债职责。检察长要求特别顾问在与债务人沟通时使用州检察长的信笺。特别顾问谢里夫根据检察长的指示,使用检察长的信笺分别向帕梅拉·吉列(Pamela Gillie)等人发送了讨债信。每封信的签名栏都有签名人的姓名和地址,以及"州检察长的特别顾问"或"外部顾问"的落款。每封信还注明发信人是讨债人,要求偿还欠州立机构的债务。吉列等债务人向联邦地区法院提起集团诉讼,起诉被告人使用检察长的信笺抬头,试图采用欺骗和误导手段收取消费者的债务,违反了《联邦债务管理法》(又译《公平债务催收行为法》,Fair Debt Collection Practice Act,FDCPA),该法旨在通过禁止虚假、欺骗性或误导性陈述,消除滥用债务催收的行为;关于催收人,将"官员"排除在该法的催收人之外,"任何州的任何官员,只要收取……任何债务是为了履行其公务",就可享受豁免权,从而不受该法调整。❶ 俄亥俄州检察长参加了诉讼,辩请法院判决认定特别顾问使用检察长的信笺既不是虚假的也不是误导性的,并敦促将特别顾问视为免于适用该法的州官员。地区法院判决认为特别顾问是州的官员,在任何情况下使用州检察长的信笺抬头都不是虚假或误导性的。美国联邦第六巡回法院撤销了初审判决,认

---

❶ See Fair Debt Collection Practices Act; Also see 15 U.S.C. §1692a (6) (C), §1692 (a) - (e).

为特别顾问作为独立承包商，无权享受州官员豁免权。还提出，特别顾问使用州检察长的信笺抬头会造成债务人混淆和被恐吓风险。巡回法院将使用州检察长信笺是否会误导债务人使其相信是州检察长在追讨债务的问题发回重审。

该案最终上诉至美国联邦最高法院，九位法官一致认为，特别顾问在州检察长的指示下使用检察长的信笺并不违反《联邦债务管理法》关于禁止"虚假、欺骗性或误导性陈述"的一般性规定。信笺抬头标明了委托人是俄亥俄州检察长，签名栏则标明了代理人是一名受聘担任州检察长外部顾问的私人律师。特别顾问与检察长之间关系的特点支持了法院的判断。特别顾问与州检察长办公室的律师密切合作，代表州检察长提供法律服务，以履行检察长追讨州债的职责。因此，债务人认为特别顾问的信件就是检察长办公室的信件，这种印象是不准确的。特别顾问使用检察长的信笺抬头也不违反关于禁止"虚假陈述"某通信是由州"授权、签发或批准"的具体规定。由州检察长授权且实际上是要求特别顾问使用他的信笺抬头，所以特别顾问这样做并没有给人造成错误印象。特别顾问是州检察长在债务相关事务中的代理人，按照检察长的指示使用检察长的信笺时，并没有使用虚假名称，也没有在信件中使用不真实的姓名。法院认为使用州检察长的信笺并非误导或恐吓债务人，部分原因是发送给债务人的信件并未"暗示检察长作为州最高执法官员，打算对债务人采取惩罚行动。……使用检察长的信笺抬头只是澄清了债务是欠州的，而检察长是州债的讨债人"。❶此外，法院认为没有理由以一种会干扰州检察长选择其履行追讨公共债务法定义务的方式来解释债务管

---

❶ See Sheriff v. Gillie, 136 S. Ct. 1594, 1603（2016）.

理法。所以，即使特别顾问不是联邦债务管理法意义上的官员，其使用州检察长的信笺也并不违反该法。❶ 州检察长聘请私人律师作为讨债人，代表州检察长收取公共债务，因州检察长对收取欠州的债务负有法定义务，且讨债人也未威胁提起刑事诉讼，法院驳回了债务人提起的集团诉讼。

但其他州检察官讨债案件并非毫无问题。第一，收债过程中利用起诉裁量权进行威胁。州检察官负有为州收债的法定义务，检察官聘请的律师或者委托的私营的债务催收机构，使用州检察官的抬头信笺写信催债，检察官把通过私营收债机构发送信件的做法称之为"起诉替代措施"或"诉讼分流项目"❷，作为在诉讼程序和实体刑罚上的宽大处理。这也是检察裁量权的一种行使方式。这种称谓本身就是在威胁信件的收件人是嫌疑人，不清偿债务就会被起诉。但检察官没有告知他们案件调查的程度，是否确定收信人实际上违反了刑法，以及如果他们不赔偿是否会被起诉。在债务催收过程中，是催收机构而非检察官起着明显的主导作用，检察官只是在出售或使用他们抬头的信笺，这意味着许多收到催收威胁信件的收件人实际上并不是嫌疑人，也最终不会被起诉。

第二，私人债务的讨债信具有误导性或恐吓性。州检察官或使用州检察官抬头的信笺寄给私人债权关系的债务人时，讨债信具有误导性或恐吓性。检察官并没有担任私人债权人的收债人的法定义务，也没有法律的授权，如果这些信件确实暗示或声称检察官打算对债务人采取惩罚性行动，检察官利用其办公室协助私

---

❶ See Sheriff v. Gillie, 136 S. Ct. 1594（2016）.

❷ See Mosi Secret, Bounced Checks: How Local District Attorneys Get a Cut of the Debt Collection Business, *Propublica*, March 2, 2009, https://bit.ly/2Sef28y, https://perma.cc/MF63-3UJR, 2020年9月20日最后访问。

人债权人就被认为是不恰当的。有的州律师协会道德规范认为，"县检察官是准司法官员，他必须公平公正。……当他将自己的办公室用作讨债机构时，他就无法做到公平公正，也无法代表一个州的公民。"❶ 私营催债机构使用检察官的信头催收私人债务的做法不同于催收公共债务的案件。

可见，检察官有义务在法律范围内作出和执行其决定，包括宪法、国会制定的法律、刑事诉讼规则和职业道德行为规则。违反法律起诉属于"不法行为"，至少在检察官故意违反法律的情况下。如果检察官有违法行为，侵害了平等保护和正当程序的公民宪法权利，公众和舆论介入讨论是相对容易的，因为法条和判例划定了相关界限。然而，很难讨论检察官不明智地运用自由裁量权，因为明确的、公认的标准比较少，也因为检察官没有透露作出自由裁量决定的决策过程。由于检察官没有接受过关于此类滥用行为的严肃、知情的公开讨论，也就没有必要公开辩解或说明这种行为的正当性。但关于检察官自由裁量权的公开和专业讨论对于让检察官对其行使起诉裁量权力负责是必不可少的。知情的公开讨论既会鼓励检察官明智地使用他们的权力，也会在检察官滥用权力时促进追责。

---

❶ Oklahoma Bar Association Ethics Counsel, *Ethic Opinion* No. 156, October 8, 1952. https://bit.ly/2HJYX6n, https://perma.cc/KG8M-VK2U, 2023 年 9 月 20 日最后访问。

CHAPTER 04>> 第四章
剥夺自由、量刑差异与无罪处置

刑事司法是实践的科学。从美国数据和实践来看,审前剥夺自由和重判重刑、死刑罪名等造成了对被告人认罪的巨大压力,尽可能不被关押或者减少监禁期限、改变死刑指控罪名则是难以抗拒的诱惑;加上案件难以获得无罪处置,可能是造成无辜者认罪的原因,也可能是被告人认罪自愿性令人怀疑的重要因素。

第一节 审前羁押与认罪

审前羁押是被告人认罪的重要因素。为了获得眼前的自由,被告人可能会认罪。批评被告人短视的人低估了刑事诉讼过程的压迫性及惩罚性,刑事错判和无辜者入罪结果的概率不小甚至经常发生,这都会给被告人带来难以承受的压力。美国、英国、德国、法国等国主要是通过尽可能缩短抓捕后警方羁押时限、法官决定审前羁押、讯问时的律师在场权、禁止使用非自愿供述证据等，对被追诉人提供程序保障。保障越是严密，通过审前羁押取供取证以达成起诉证据条件的可能性越小。近十余年来，法国、德国嫌疑人相继取得了讯问时由辩护律师在场的权利，加强了辩方的平等武装和对抗能力，促使检察官更加注意法律禁止使用非自愿供述等证据排除规则，影响着检察官的起诉决定。

一、审前羁押及其程序保障

审前羁押剥夺了尚未定罪之人的人身自由，为无罪推定的贯彻带来了极其严重的风险。从数据上看，各国都面临着严峻挑战。2017年美国监禁人口中，有67%是未决案件中被审前羁押的人员。❶ 2021年德国审前羁押人口占其监禁人口的20%，2021年法国关押场所中28%的人是未决羁押者。❷ 欧盟国家平均审前羁押时间约为3个月，自2011年至2018年审前羁押人口占监禁人口的25%～28%。❸

---

❶ Stevenson, Megan and Mayson, Sandra Gabriel, Pretrial Detention and Bail (March 13, 2017). Academy for Justice, A Report on Scholarship and Criminal Justice Reform (Erik Luna ed., 2017, Forthcoming)., University of Penn Law School, Public Law Research Paper No. 17-18, https://ssrn.com/abstract=2939273, 2023年9月20日最后访问。

❷ Statistique Trimestrielle des personnes écrouées en France, Mouvements au cours du 2ème trimestre 2021, Situation au 1er juillet 2021, Bureau de la donnée, Administration Pénitentiaire, Ministère de la Justice.

❸ Friederycke Haijer, Pre-trial Detention: Challenges from the Perspective of Prison Services in Europe, EuroPris, May 2020, https://www.europris.org/file/pre-trial-detention-challenges-from-the-perspective-of-prison-services-in-europe-may-2020/?download=1, 2023年9月20日最后访问。

在美国，被逮捕的人必须在 24 小时内首次出庭，由法官决定是羁押还是保释。对保释的嫌疑人，法官进一步决定是采取自我保证的保释、承诺违反保释条件将付保证金的保释还是交付保证金的保释并确定数额。1966 年的米兰达案等判例确保嫌疑人只要想要律师服务，控方就不得单方会见讯问、辨认等。❶ 至于审前羁押期限，1974 年《迅速审判法》要求在逮捕或传唤后 30 日内提交起诉书❷，起诉后或者首次出庭后 70 日开始审判❸，但如想首次出庭后 30 日内进行审判须经被告人书面同意❹，以便给被告人方准备诉讼的时间。

2022 年美国司法部公布的数据表明，自 2011 年至 2018 年，美国联邦司法系统办理的案件中有 32% 的人获得审前释放，68% 被审前羁押；其中 22% 的人第一次出庭就释放，10% 在其后的羁押或保释程序中释放；67% 的被保释人无须保释金，79% 的保释附条件如旅行限制、禁止持有武器、职业禁止、戒瘾治疗等；19% 的被保释人违反保释条件，2% 的人因再犯新罪被捕，只有 1% 的人未出庭。❺ 有些人被羁押仅仅是因为他们付不起保释金，可能判一年自由刑以上重罪的嫌疑人的保释金中位数超过 1 万美元，付不起保释金的男性平均年收入 1.6 万美元，女性平均年收

---

❶ Miranda v. Arizona, 384 U.S. 436 (1966).
❷ 18 U.S.C. § 3161 (b).
❸ 18 U.S.C. § 3161 (c).
❹ 18 U.S.C. § 3161 (c) (2).
❺ George E. Browne, Suzanne M. Strong, Pretrial Release and Misconduct in Federal District Courts, Fiscal Years 2011–2018, Bureau of Justice Statistics, Office of Justice Programs, U.S. Department of Justice. March 2022. 依据《美国法典》第 18 编第 3231 条，此处美国司法部公布的数据是联邦刑事司法系统办理的刑事案件，其办理各州管辖范围以外、违反美国刑法的犯罪案件。

入 1.1 万美元，其中 66% 的女性有未成年子女。❶

随着审前羁押的负面后果越来越清晰，2020 年以来美国许多州推进取消保释金改革，如加利福尼亚州最高法院判决仅因无力支付保释金而予以羁押属违宪❷，纽约州取消对轻罪和非暴力重罪的保释金❸，目标是取消或减少对穷人的审前羁押。2020 年联邦逮捕人数也比 2019 年下降 42%。❹

在英国，《1984 年警察和刑事证据法》第 41 条规定警察逮捕嫌疑人或嫌疑人自行到警局后，见法官前仅能羁押 24 小时，第 42 条允许在严重罪案中经高级警官授权延长羁押 36 小时。第 40 条规定，首次批准羁押后 6 小时以内由未参与本案侦查的高级警官审查羁押，第二次审查间隔 9 小时以内，后续审查也间隔 9 小时以内，延长羁押决定之前要给嫌疑人及其律师提出口头或书面意见的机会。❺ 预审保释也称为警方保释，允许警方在正式指控前对正在接受调查的人有条件或无条件释放，同时警方继续进行调查。根据英国《2017 年警务与犯罪法》，警方正式指控前保释的最长时限通常是 28 天，特殊情况下可由高级警官批准延长至 3 个月，更长时间需由法院批准。❻

英国嫌疑人一旦要求律师，则警方在律师到来前不可讯问。

---

❶ Pretrial Detention, Prison Policy Initiative, https://www.prisonpolicy.org/research/pretrial_detention/，2023 年 3 月 22 日最后访问。

❷ In re Humphrey, 482 P. 3d 1008 (Cal. 2021).

❸ Arnaud, Emmanuel Hiram, Sims-Agbabiaka, Beulah, New York Bail Reform: A Quick Guide to Common Questions and Concerns, 106 *Cornell Law Review* 1 (2020–2021).

❹ Mark Motivans, Ph. D., BJS Statistician, Federal Justice Statistics, 2020, May 2022, published by Bureau of Justice Statistics, Office of Justice Programs, U. S. Department of Justice.

❺ Police and Criminal Evidence Act 1984. Section 40, section 41.

❻ Policing and Crime Act 2017. Section 62 (8).

普通案件律师到场时间最长 36 小时，恐怖活动案件最长 48 小时。有的警局有 24 小时值班的值班律师，警方也可电话联系辩护服务热线，嫌疑人也可以有自己委托的律师。英国《1985 年犯罪起诉法》及《1987 年犯罪起诉（羁押期限）条例》规定治安法院案件被告人的审前羁押最长为 56 天或 70 天，刑事法院案件最长可羁押 112 天或 182 天。受疫情影响后者在 2020 年 9 月至 2021 年 6 月间延长至 168 天及 238 天，自逮捕后首次在治安法院出庭的次日起算。❶

法国《刑事诉讼法》第 63 条、第 144 条、第 145 条等规定了羁押期限及程序保障。①警察抓捕嫌疑人后，最长羁押 24 小时，且必须通知检察官，必须经检察官书面授权才能再延长 24 小时。有组织犯罪和恐怖活动犯罪最长 96 小时。②可能判处最低 3 年以上自由刑的人，可经自由和羁押法官决定审前羁押或者延长羁押；自由与羁押法官不参与其办理的羁押案件的审理，否则审判无效；对于没有 1 年以上实刑前科且最高判 5 年的案件，审前羁押不得超过 4 个月，该期间可延长至不超过 1 年；对被追诉人的总羁押时间不得超过 1 年，期满应释放，否则应由自由和羁押法官经律师出庭口头审理，裁定延长或者不予释放，最长延长 6 个月；对于贩毒、恐怖活动案件和可能判处 20 年自由刑以下的案件，审前羁押不超过 2 年，更重的案件不超过 3 年，贩毒、恐怖活动等案件最长延长到 3 年或 4 年。③随着被追诉人权利保障的加强，法国加强了律师帮助权，从警方羁押开始，嫌疑人有权获得律师帮助辩护，如无律师，警方应通知律协为其指定，嫌疑人获得了讯

---

❶ Explanatory Memorandum to The Prosecution of Offences（Custody Time Limits）（Corona Virus）（Amendment）Regulations 2020.

问时让律师在场的权利❶,被羁押人可以要求律师在讯问和开庭时在场。④逮捕后警方立即告知嫌疑人涉嫌犯罪的性质及理由、权利、警方羁押期限等,其有权通知其亲属及雇主或领事;逮捕后嫌疑人可要求医疗及体检,警方检方均可随时进行体检,否则家属可以要求体检,延长羁押时间的可进行复查体检。2018年法国重罪法庭一审判处了约1800人,70%的人审判时仍被羁押,其中42%为强奸案,37%为杀人案,61%的刑期在10年以上,50%被判15年以上。❷

依据德国《刑事诉讼法》第58条、第114条、第122条、第122a条、第134、第147条,羁押期限及程序有如下要求。①警方抓捕嫌疑人后立即或次日带见法官决定逮捕羁押。②逮捕令满6个月即撤销,除非上级法院决定继续羁押;法院或检察院认为需要继续羁押的,检察院移交案卷给上级法院决定,上级法院开庭口头审理案件,听取辩护律师或指定律师和被告人意见,至迟一周决定;决定继续羁押的,至迟每3个月审查一次;对可能再犯罪的,审前羁押最长不超过1年。③讯问时应当允许辩护律师在场。❸ ④要求书面告知嫌疑人有权保持沉默,有权提出辩护证据,随时咨询自己选定的律师或指定律师,并告知其在审前羁押案件中,辩护律师有权阅卷并查看控方保管的证据材料,如无律师,其本人可阅卷并查看证据,有权对逮捕羁押决定提出申诉或

---

❶ 2011年法国《关于警察拘押的第2011-392号法律》认可律师在场权。Loi n° 2011-392 du 14 avril 2011 relatif à la garde à vue.

❷ 数据来源于法国司法部,http://www.justice.gouv.fr/statistiques-10054/,2022年3月22日最后访问。

❸ 2017年修改德国《刑事诉讼法》,在第58条确认了律师在场权。Gesetz zur effektiveren und praxistauglicheren Ausgestaltung des Strafverfahrens, BGBl. I 2017, Nr. 58 23.08.2017, S. 3202.

者申请法院口头审理并判决。⑤可由其选定的男或女医生进行医疗体检,要求通知领事,有权立即通知亲属或信任的人。德国联邦统计局统计数据表明,2017 年约 25% 的审前羁押超过了 6 个月,29 548 人被羁押 6 个月至 1 年,1898 人被羁押超过 1 年。❶

二、审前羁押恶化诉讼结局

有研究表明,审前羁押与案件处理结果之间确实存在关联。2013 年的一项研究表明,羁押超过 3 天时,诉讼结果急速往不利于嫌疑人方向发展,被称为审前羁押的"三天规则"。❷ 2022 年公布的对美国肯塔基州 2009—2018 年 1 487 107 名被羁押人的研究表明,审前羁押对嫌疑人的影响非常明显,增加了以后再犯罪的逮捕羁押风险,增加了被判自由刑的风险,增加了刑期更长的风险,羁押越久刑期越长的风险越大。具体而言,超过 23 小时的羁押提高了审前再次逮捕比例,与再次逮捕可能性的增加具有统计学意义。与被羁押的人相比,审前获释的人被判入狱或监禁的可能性约为前者 1/2~3/4。即使对于那些在审前被释放并再次被捕或未能出庭的人来说,仍然存在这样幅度的差异。此外,当审前释放的人被判处监禁时,他们被判处的监禁时间比被羁押的人短。同样,即使被释放的人再次被捕或未能出庭,刑期也比被羁押的

---

❶ Destatis Statisches Bundesamt, p. 371. c. f. Sina Jung, Carolin Petrick, Eva Maria Schiller & Lukas Munster, Developments in German Criminal Law: The Urgent Issues regarding Prolonged Pre‑Trial Detention in Germany, 22 *German Law Journal* 303‑314 (2021).

❷ Christopher T. Lowenkamp, Marie VanNostrand, and Alexander Holsinger, Hidden Cost of Pretrial Detention, https://nicic.gov/hidden-costs-pretrial-detention,2022 年 3 月 22 日最后访问。

人短。相关研究结论有：①延长审前羁押时间对是否出庭没有影响；②延长审前羁押时间与审前再次逮捕可能性增大始终正相关；③审前释放的人被判自由刑的可能性较低，被判入狱的刑期较短；④种族与不出庭或重新逮捕的可能性无关，审前羁押与审前表现（未能出庭和重新逮捕）之间的关系不会因种族而有显著变化；⑤审前羁押增加了起诉风险，减少了嫌疑人获得不起诉机会的可能性。❶

审前羁押发生在侦查取证初期，被告人往往为了避免羁押、获得保释而认罪。认罪减轻甚至免除控方证明责任，帮助检察官解决了因证据因素而不起诉的现实困难，一方面增强了检察官起诉的信心，另一方面嫌疑人也可能由于认罪获取审前分流机会而不起诉。关于被告人仅为了避免羁押、获得保释而认罪，2021年针对英国大律师的调研表明，19%的人认为这绝对是个问题，44%的人认为可能是个问题，37%的人认为绝对不是一个问题。经验丰富的大律师不太可能认为这是个问题，但专做刑事辩护的大律师更有可能认为被告人认罪只是为了保释是个问题。❷

三、审前羁押效果存疑

如果将审前羁押的功能定位于随传随到、接受追诉、保障诉讼进行，那么审前羁押的时间长短对实现这一功能没有区别；如

---

❶ The Hidden Costs of Pretrial Detention Revisited, March 22, 2022, https://craftmediabucket.s3.amazonaws.com/uploads/HiddenCostsFactSheet.pdf, 2022年4月22日最后访问。

❷ The CBA C-21 Working Group chaired by Ed Vickers QC, A Report into Day-to-day Issues Experienced by Criminal Barristers in the Crown Court in England & Wales in 2021, published by the Criminal Bar Association of England & Wales, December 2021, p. 27.

果将审前长期羁押的功能定位于威慑嫌疑人审前释放后守法,那么这些研究获得的数据表明,长时间羁押后释放的,反而会造成嫌疑人审前再次被捕的可能性提高,说明长时间羁押对于控制嫌疑人守法的威慑性不足。正如此前研究所表明的长期监禁刑对于控制再犯的威慑作用不足一样。❶

审前羁押的不利后果不仅是由嫌疑人本人及其家庭承担,审前羁押的经济、社会成本也高。以美国为例,2017 年发表的对 13 625 名重罪案件嫌疑人的研究表明,每个嫌疑人审前释放的平均直接费用为 18 014 美元,而审前羁押的平均直接费用为 29 700 美元。❷ 2017 年的研究表明全美审前羁押年度支出约 136 亿美元❸,挤占本来就紧张的司法资源。

这些研究表明,大规模实施 24 小时或者 3 天以上的长时间审前羁押的负面作用大于积极意义,解决问题的关键在于尽快识别那些审前释放期间风险大的嫌疑人,尽早释放其他人。换言之,发现并抓捕这些风险小的嫌疑人后,对其越早释放,刑事起诉或不起诉的法律效果、社会效果越好,社会公共利益能获得更好的维护。

---

❶ See F. T. Cullen, C. Lero Jonson and D. S. Nagin, Prisons Do Not Reduce Recidivism: The High Cost of Ignoring Science, 91 *The Prison Journal* 48S-65S (2011, supplemen); D. T. Hutcherson II, Crime Pays: The Connection Between Time in Prison and Future Criminal Earnings, 92 *The Prison Journal* 315-335 (2012).

❷ Shima Baradaran Baughman, Cost of Pretrial Detention, 97 *Boston University Law Review* 1 (2017).

❸ Peter Wagner and Bernadette Rabuy, Following the Money of Mass Incarceration, *Prison Policy Initiative*, January 25, 2017.

第二节 量刑差异与认罪

美国导致被告人认罪的最重要因素之一是放弃陪审团审判权而获得的量刑利益,陪审团审判一旦定罪,由于法官适用量刑指南,所判刑期比认罪协议的刑期更长。量刑差异会造成对被告人认罪的诱导。

一、量刑差异引诱认罪

在一项对纽约成年和未成年人罪犯进行的研究中,研究人员发现,认罪成年被告人比审判中预计的刑期平均减少了 80%。[1] 未成年人认罪的减刑幅度更大,达到 95%。[2] 在另一项研究宾夕法尼亚州认罪减轻刑罚的研究中,研究人员发现,审判中被定罪的人的刑期比认罪的长 57%。[3]

---

[1] Tina M. Zottoli, Tarika Daftary-Kapur, Georgia M. Winters & Conor Hogan, Plea Discounts, Time Pressures, and False-Guilty Pleas in Youth and Adults Who Pleaded Guilty to Felonies in New York City, 22 *Psychology*, *Public Policy & Law* 250, 254 (2016); see Brian D. Johnson, Plea-Trial Differences in Federal Punishment: Research and Policy Implications, 31 *Federal Sentencing Reporter* 256, 257, 261 (2019).

[2] Tina M. Zottoli, Tarika Daftary-Kapur, Georgia M. Winters & Conor Hogan, Plea Discounts, Time Pressures, and False-Guilty Pleas in Youth and Adults Who Pleaded Guilty to Felonies in New York City, 22 *Psychology*, *Public Policy & Law* 250, 254 (2016).

[3] Jeffery T. Ulmer & Mindy S. Bradley, Variation in Trial Penalties Among Serious Violent Offenses, 44 *Criminology* 631, 632, 649 (2006); Lauren O'Neill Shermer & Brian D. Johnson, Criminal Prosecutions: Examining Prosecutorial Discretion and Charge Reductions in U.S. Federal District Courts, 27 *Justice Quarterly* 394, 397-98, 411 n.12 (2010).

美国检察官经常利用陪审团审判或者法官审判定罪后的重判来"说服"被告人接受认罪，虽然检察官和辩护律师同样认为被告人可能是无辜的。尤其是当检察官以强制性最低刑的法规起诉被告人时，可以利用这些极端严重的潜在惩罚来激励被告人接受"有利"的认罪协议。这种做法可以成功阻止无辜者行使审判权，迫使被告人承认自己没有犯下的罪行，并放弃其他基本权利。

显然，如果辩护不足，审前羁押率、定罪率高，审判和认罪协商的量刑差异大，那认罪协商本质上是强制性的。即使被羁押的人能够通过确凿的证据证明自己无罪，也可能愿意提出并接受认罪协商。毕竟与认罪协商的轻刑相比，动辄重判5倍10倍的陪审团审判太冒险了。

二、监禁的惩罚性多于改造

美国在20世纪70年代早期仅关押了36万人，2008年全美国关押了240万人，2019年为每10万人中关押810人，2020年为每10万人中关押660人，但2021年上升为每10万人中关押680人。❶ 2022年190万人被关押在1566个州监狱、98个联邦监狱、3116个县市监狱、1323个少管所、142个移民拘留所、80个印第安监狱等，年支出1820亿美元。❷ 美国是名副其实的监禁大国，其监禁数据包括了所有被关押的人，既包括审判前羁押，也包括定罪后监禁。

---

❶ E. Ann Carson, and Rich Kluckow, DSW, BJS Statisticians, Correctional Populations in the United States, 2021-Statistical Tables, U. S. Department of Justice Office of Justice Programs Bureau of Justice Statistics, February 2023.

❷ Wendy Sawyer and Peter Wagner, Mass Incarceration: The Whole Pie 2024, *Prison Policy Initiate*, March 14, 2024.

数据表明，陪审团定罪不仅会增加刑期，审判时定罪也会增加被判处监禁的可能性。检察官通过控制起诉事实范围和罪名、量刑，控制着监禁刑期间的长短。2020 年美国维拉研究所发布的数据表明，行使审判权的被告人比认罪的人被监禁的概率要高出 2.7 倍，刑期比接受认罪提议的人刑期长 57%。❶ 2019 年发布的另一项关于美国联邦量刑实践的研究表明，在审判中被定罪的被告人被监禁的可能性要高出 2~6 倍。❷

鉴于这些对认罪的高折扣率，涉嫌各种类型犯罪的被告人认罪率居高不下。美国联邦量刑委员会 2023 年度报告显示，2023 年美国联邦共有 64 124 起案件判决，97.2% 的案件以认罪解决。89.8% 的案件单处监禁，平均刑期为 52 个月，但严重犯罪如谋杀的平均刑期为 285 个月。在这些案件中，移民犯罪占 30.0%；毒品犯罪占 29.9%；枪支犯罪占 13.8%；欺诈、盗窃及侵占犯罪占 8.1%。❸

面对认罪后刑期打折的诱惑和刑事司法的高压，无辜者也经常认罪。美国在 2023 年有 153 起被错误定罪的无辜者被无罪释放，其中 32 起案件中有无辜者认罪并供述。无辜者被定罪及其认罪还与控方不法行为有关，高达 77% 的 118 起案件中有控方不法行为促成无辜者被定罪，系统性的控方不法行为发生在案件的调查和起诉过程中，由涉案官员亲自实施。另有统计在 88 件杀人冤案中有控方行为不法的占到 85%。❹ 这或许有助于理解无辜者认罪

---

❶ Ram Subramanain et al, Vera Institute of Justice, In the Shadows: A Review of the Research on Plea Bargaining, September 2020.

❷ Brian Johnson, Plea-Trial Differences in Federal Punishment, 31 *Federal Sentencing Reporter* 256-264（2019）.

❸ U. S. Sentencing Commission, Annual Report 2023.

❹ The National Registry of Exonerations, 2023 Annual Report, March 18, 2024.

时面临的绝望境地。

如果监禁能够实现特殊预防的功能，使人在刑期届满释放后不再犯罪，最重要的因素是就业解决生存危机，重新融入经济社会发展，并使受刑人或者出于遵纪守法或者出于恐惧惩罚而守法不再犯，然而再犯率说明，实现这一目标有其难度。2014 年美国司法部的统计数据表明，30 个州在 2005 年释放的 404 638 名州监狱罪犯中，67.8% 的人在释放后 3 年内再次被捕，76.6% 的人在释放后 5 年内再次被捕。在提供监狱再犯数据的 23 个州中，49.7% 的罪犯在释放后 3 年内因假释或缓刑违规或因犯新罪被捕而重新入狱；在 5 年内，这一比例高达 55.1%。❶

这在一定程度上说明，监狱被建设成高墙深院，层层设防、武装戒备，其首要的功能是将罪犯隔离于其他人，剥夺自由，使其失去对守法公民和社会的接触和再犯机会。对于政府和社会而言，监禁隔离了危险的个人。监禁对于个人而言，是失去自由的惩罚，也蕴含了改造的机会。监狱在理论上承担了更多功能，教育、矫正等能否实现见仁见智，但隔离、惩罚基本上是实际能够做到的。在剥夺自由之外，监狱的管理规则如果缺乏人性化，或者由于资金短缺、预算不足造成生活条件恶劣、疫病缺乏医治等，如管理规则禁止或惩罚人与人之间的友好相处、交流互助，不文明的环境如何改造罪人成为守法之人，确实是无解之题。

此外，美国关押成本极其高昂。2023 年，加利福尼亚州监禁系统总预算 181 亿美元，关押一个人的年度成本为 132 860 美元，其中 91% 用于关押设施和人员薪酬，9% 直接投入于被关押者的食

---

❶ Matthew R. Durose, Alexia D. Cooper, Howard N. Snyder, Recidivism of Prisoners Released in 30 States in 2005: Patterns from 2005 to 2010, U. S. Department of Justice, Office of Justice Programs, Bureau of Justice Statistics, April 2014.

物和衣物等,每人每月996美元,每日33美元。这一年度人均成本超出了加利福尼亚州收入中位数,是该州最贵私立大学学费的2倍。❶

三、非监禁刑的诱惑

2021年年底,美国司法部统计数据表明,处于联邦成人矫正系统管理下的人数估计为5 444 900人,比2020年底减少了1%,减少了61 100人。大约每48名美国成年居民中就有1人(即2.1%)在2021年年底处于某种形式的矫正监督之下。自2007年每10万人中有2240人受矫正达到峰值以来,处于矫正中的人数比例每年持续下降,并在2021年降至21年来的最低水平,每10万人中有1440人受矫正。❷

截至2022财政年度末,在联邦矫正措施控制下的350 402人中,大约57%被关押在安全的监禁场所,43%接受社区监管。这一数据比2012财政年度末减少了15%,当时有413 676人处于联邦矫正控制下。这一下降主要是由于联邦监狱管理局(BOP)中在押人数的减少,从2012年的194 511人减少到2022年的137 603人。❸

美国联邦量刑委员会在其网站新增了一个"问题解决型法

---

❶ Kristen Hwang and Nigel Duara, Here's Why It Costs $132860 to House A Prisoner in California, *ABC* 10, January 23, 2024.

❷ E. Ann Carson, and Rich Kluckow, DSW, BJS Statisticians, Correctional Populations in the United States, 2021-Statistical Tables, U. S. Department of Justice Office of Justice Programs Bureau of Justice Statistics, February 2023.

❸ Mark Motivans, Federal Justice Statistics, 2022, U. S. Department of Justice Office of Justice Programs Bureau of Justice Statistics Bulletin, January 2024.

院"资源页面。研究关注非监禁和重返社会的替代性计划是委员会 2023 年的政策优先事项之一。该网页汇总了关于全国范围内法院主办的项目的信息,包括非诉讼分流计划、非监禁替代计划和重返社会计划。❶ 这些都可能成为检察官与辩护律师在认罪谈判中可以利用的资源。

检察官通过调整起诉事实范围和罪名、量刑,不但控制着监禁刑期间的长短,也控制着审前分流,被告人可能获得非监禁处罚。如果检察官提出认罪协商提议,用缓刑、社区劳动、社会服务、罚金、赔偿、电子监控、戒毒、心理健康咨询、限制令、保护令等非监禁处罚换取被告人认罪,被告人为了避免陪审团审判定罪带来的重判可能,避免长期入狱,除了认罪很难与检察官有效博弈。

第三节 定罪与认罪

在美国刑事司法中,检察官的选举制度使得检察官看重起诉和办案成果,不愿撤诉。对被告人而言,审判的准确性难以预测,难以确保无罪判决,如果经正式审判定罪后的量刑与认罪的差异大,无辜者也不敢冒险不认罪。起诉死刑罪名是有的检察官获取认罪的手段,只要检察官同意不起诉死刑罪名,很少有被告人敢于冒险不认罪。截至 2022 年年底,美国无辜者数据库有 3284 起无辜者案件,25% 的无辜者认罪,其中超过 40% 的案件中没有犯

---

❶ United States Sentencing Commission, Annual Report 2023.

罪事实发生。[1]

一、不诉与撤诉可能性

美国联邦检察官决定对哪些联邦案件予以起诉。在选择起诉时，检察官会考虑可用资源、司法部的优先事项，以及州和地方执法机构的需求。检察官可以选择向联邦法院起诉被告人，向治安法官提交起诉，或对警方的案件拒绝起诉。2022 财政年度，在提交给联邦检察官的案件中，62%的案件提起公诉，最常见的起诉罪行包括移民犯罪（74%的移民案件被起诉）、毒品犯罪（71%的毒品案件被起诉）和枪支犯罪（71%的枪支犯罪被起诉），其次是非欺诈类财产犯罪（56%）。[2]在英国，检察署 2023 财政年度起诉率为 79.9%，比 2022 财政年度的 78.4%高出 1.5 个百分点。[3]

根据《美国法典》第 18 编第 3401 条，治安法官有权裁决或处理轻罪案件。治安法官处理的案件不同于传统的起诉，助理检察官只需要不到 1 小时的出庭时间即可快速处理。2022 年，联邦检察官处理的案件中有 12%由治安法官处理。最有可能由治安法官处理的案件包括移民犯罪（25%）和非监管类的公共秩序犯罪（15%）。[4]

2022 年，联邦检察官对 26%的提交给他们的案件拒绝起诉。最有可能被拒绝起诉的案件包括财产欺诈（52%）和公共秩序犯罪（49%）。从收到调查的案件到检察官决定起诉或拒绝的中位时

---

[1] National Registry, 2022 Annual Report, May 8, 2023.

[2][4] Mark Motivans, Federal Justice Statistics, 2022, U. S. Department of Justice Office of Justice Programs Bureau of Justice Statistics Bulletin, January 2024.

[3] CPS Data Summary Quarter 4 2023-2024, 18 July 2024.

间为 60 天，快于 2021 年的 70 天。❶

一旦起诉，如果被告人拒绝认罪协商，检察官可能总是继续起诉进行审判而不是撤诉。有学者认为，这部分原因是由于法律的变化使撤诉越来越难，联邦案件撤诉的比例多年来一直在下降。2002 年，这一比例从 1987 年的 15% 下降到 9%。❶ 2022 年，联邦刑事案件被撤诉或驳回的比例约为 8.2%。❷ 但不同司法辖区的数据差异很大。例如，在 2023 年，得克萨斯州地区法院的驳回或撤回起诉率约为 27%，塔兰特县则约为 17.5%。❸ 检察官对于不撤诉的案件，会综合运用各种手段取得被告人认罪，避免对不重要的案件在法庭上花费时间。

二、无罪判决的难度

关于陪审团审判的定罪率，在美国刑事司法系统中，陪审团审判或法官审判已不多见，而无罪判决更为少见。2021 年美国民刑事案件陪审团审判总量最多 50 962 起，其中州法院 48 764 起，联邦法院 2198 起，这相当于每月平均 4247 起陪审团审判，每周 980 起。其中普通刑事案件陪审团审判的定罪率为 65%，无罪率为 30%，流审率（陪审团无法达成一致，成为 hung jury 即无法作出裁决的陪审团，被解散，由检方决定继续起诉重新审判还是撤销指控或认罪协商）为 5%；媒体高曝光率刑事案件陪审团审判的

---

❶ Andrew D. Leipold, Why Are Federal Judges So Acquittal Prone? 83 *Washington University Law Review* 151−227（2005）.

❷ John Gramlich, Fewer Than 1% of Federal Criminal Defendants Were Acquitted in 2022, Pew Research Center, June 14, 2023.

❸ The Texas Office of Court Administration, Court Activity Reporting and Directory System, https://card.txcourts.gov/AdHocSearchNew.aspx, 2024 年 9 月 20 日最后访问。

定罪率为76%，无罪率为17%，流审率为7%。80%的普通刑事案件在10天内审结，其中58%在3天内审结，只有2%超过20天；而高曝光率刑事案件有31%超过了10天，其中15%超过了20天，仅有不到17%的案件在3天内审结。高曝光案件的评议时间比普通案件更长，陪审团评议时间在死刑案件中分别为6小时和3小时，其他重罪案件中分别为4小时和3小时，轻罪案件中分别为3.5小时和1小时。❶ 与英国相比，根据2010年英国司法部公布的陪审团审判定罪率，英国各犯罪类型定罪率从52%到78%不等。❷

关于总体定罪率，2022年，在71 954名美国联邦刑事案件被告人中，有1379人在陪审团审判或法官审判中被判有罪，占比为1.9%；仅有290人选择陪审团审判或法官审判并被宣告无罪，占比约为0.4%。绝大多数美国联邦刑事案件被告人根本没有进入陪审团审判或法官审判程序，89.5%的被告人选择认罪，而另有8.2%的案件在某个阶段被驳回或撤诉。❸ 美国联邦2022年定罪率为91.4%，比英国检察署所办理案件的总体定罪率高。英国检察署2023财政年度的定罪率为82.7%，比2022财政年度提高了0.2个百分点。❹

一旦被告人不认罪而是选择审判，被告人就需要选择陪审团法庭还是法官法庭来进行审判。关于陪审法庭和法官法庭定罪率

---

❶ Paula Hannaford-Agor, Morgan Moffett, 2023 State-of-the-States Survey of the Jury Improvement Efforts: High-Profile Jury Trials, National Center for State Courts.

❷ 参见祁建建：“无罪推定、排除合理怀疑、自愿性与事实基础——对普通程序与认罪认罚庭审定罪正当性来源的思考"，载《人民检察》2018年第2期。

❸ John Gramlich, Fewer Than 1% of Federal Criminal Defendants Were Acquitted in 2022, Pew Research Center, June 14, 2023.

❹ CPS Data Summary Quarter 4 2023-2024, 18 July 2024.

的对比，有一项 2005 年发表的研究表明，从 1946 年开始一直持续到 20 世纪 60 年代初，法官的定罪率总是高于陪审团，被告人选择法官审判的占 53%，选择陪审团审判的占 47%；从 20 世纪 60 年代初到 20 世纪 80 年代末，定罪率相似，为 73%～75%；从 1989 年至 2002 年，这 14 年间美国联邦法院的数据表明，法官法庭判无辜者无罪的概率比陪审团更大，陪审团审判定罪率呈现上升趋势，约为 84%；而法官法庭审判的定罪率急剧下降，约为 55%；陪审团审判的定罪率从 1989 年的 81% 上升到 2002 年的 85%，法官法庭审判的定罪率从 1989 年的 66% 下降到 2002 年的 56%；从 1983 年到 2002 年间，在被告人不认罪而是选择审判的案件中，77% 选择法官法庭审判，23% 选择陪审团审判。❶ 如前文所述，目前普通刑事案件的陪审团定罪率已经降至 65%。

三、死刑的现实危险

2023 年，美国有 5 个州使用"三针法"或者"一针法"执行了 17 个死囚，其中得克萨斯州（"一针法"）和佛罗里达州（"三针法"）执行 5 人，密苏里州（"一针法"）执行 4 人，俄克拉荷马州（"三针法"）执行 2 人，阿拉巴马州（"三针法"）执行 1 人。❷ 截至 2023 年 8 月，23 个州废除死刑，最早的是 1846 年的密歇根州，最近的是 2021 年 7 月 1 日弗吉尼亚州；联邦和 27 个州死刑仍合法，但加利福尼亚州州、宾夕法尼亚州、

---

❶ Andrew D. Leipold, Why Are Federal Judges So Acquittal Prone? 83 *Washington University Law Review* 151, 151-227 (2005).

❷ Execution List 2023, Death Penalty Information Center, November 30, 2023. https://deathpenaltyinfo.org/executions/2023，2023 年 9 月 20 日最后访问。

俄勒冈州三州州长暂停了死刑的执行。1976年以来，10个州执行了美国84%的死刑，分别是：得克萨斯州574件、俄克拉荷马州116件、弗吉尼亚州113件、佛罗里达州99件、密苏里州92件、佐治亚州56件、北卡罗莱纳州43件、南卡罗来纳州43件。

在有死刑的州中，绝大多数死刑判决来自其中5个州，死刑判决也集中在大约1%的县。❶ 显然，这些地方的检察官求判死刑的检察政策比其他地方更为迫切。

在弗吉尼亚州废除死刑前，有位检察官被称为"最要命的检察官"，因为其在每个依法可能判处死刑的案件中都起诉死刑罪名，但只要被告人同意与其进行认罪协商，就放弃死刑起诉。❷ 这说明死刑罪名是这位检察官认罪协商的手段和筹码。在美国27个保留死刑的州中，除阿拉巴马州以外，均规定由陪审团一致建议判死刑的案件，法官才能判处死刑，除非被告人放弃陪审团审判权。在这些州，死刑对被告人不仅是个威胁，而且是现实的可能性、真实的危险。在死刑案件中没有进行认罪协商的被告人也可能真的就被判处了死刑。

在死刑案件中，如果有机会摆脱死刑罪名，认罪是普通人不愿冒险的选择。由于其严重性，死刑在认罪协商中可能扮演独特的角色，这与无期徒刑作为最高刑罚的案件不同。无期徒刑涉及被告人丧失自由，但不涉及剥夺生命。死刑的可能性可能成为一个强有力的因素，促使辩护方接受认罪提议；因此，检察官可能利用死刑作为筹码，在可能判处死刑的案件中诱导被告人认罪。

虽然大多数检察官表示他们不会将起诉死刑罪名作为认罪协

---

❶ Robert J. Smith, The Geography of the Death Penalty and Its Ramifications, 92 *Boston University Law Review* 227, 233（2012）.

❷ Tina Rosenberg, The Deadliest Prosecutor, *New York Times*, July 16, 1995.

商的工具，但暗示其他检察官可能会这样做，并且认识到死刑在促成认罪中的威慑力。在起诉死刑的谋杀案件中，被告人选择认罪的动机更强。因为辩护律师不愿冒险在可能被判死刑的案件中让被告人接受审判，辩护律师倾向于在起诉死刑罪名的案件中尽早进行认罪协商。被告人考虑到死刑的严酷性和审判的费用，在认罪协商中能够接受的刑罚上限可能会提高，可能会接受在非死刑案件中不会接受的量刑条款。例如，无期徒刑不得假释，极为严酷，但与死刑作对比就明显更宽大。在这种案件中，控方起诉死刑罪名而获得更快的认罪、更长的刑期，同时节省了审判成本，尤其是死刑谋杀案的审判成本。对理智的被告人而言，被起诉死刑罪名可能是决定认罪的最重要因素。辩护方认罪后能够确保被告人不会被判死刑。

有学者认为，在认罪协商中需要权衡成本和收益，尤其是在死刑案件中在被告人性命攸关的情况下。认罪制度为了效率而付出正当程序的代价，即被告人放弃了自我辩护的权利，以及将案件提交给公正法官和陪审团审理的权利。被放弃的这些基本原则表明，虽然死刑可以作为一种高效且经济的案件处理工具，但将死刑作为筹码使用时，必须考虑伦理和潜在的人道主义成本。[1]

有研究直接检验死刑对被告人接受审判意愿的影响，大致相当于死刑阻止了 20% 的被告人寻求审判程序，使其选择认罪协商。被告人通常更喜欢罪名协商而不是量刑协商，因为不严重的罪名伴随着较轻的惩罚并且可能伴随较不严重的附带后果。[2] 此外，死

---

[1] Susan Ehrhard-Dietzel, The Use of Life and Death As Tools in Plea Bargaining, 37 *Criminal Justice Review* 89, 89–109 (2012).

[2] Sherod Thaxton, Leveraging Death, 103 *Journal of Criminal Law and Criminology* 475, 475–552 (2013).

刑审判的成本极高，一次死刑审判的成本可以解决很多个认罪协商案件。死刑案件在流程的每个阶段都比同类非死刑案件更昂贵、更耗时：更多的审前准备时间、更多的审前申请、更多的专家、更多的辩护律师和检察官、更长的提审和初步程序、更长的审判时间、更长的陪审团审议时间、耗时更长的上诉、更多的其他救济途径和时间。❶

佐治亚州尚未对其死刑制度的成本进行全面研究，但据估计，中位数死刑案件的审判成本至少比中位数非死刑案件的审判成本高出 4 倍。佐治亚州死刑案件从逮捕到定罪所用的时间几乎是非死刑案件从逮捕到定罪所用时间的 1.8 倍（27.9 个月对 15.9 个月）。佐治亚州非死刑谋杀案从逮捕到审判定罪的平均时间为 17.4 个月，少于死刑案件从逮捕到认罪所需的 24.6 个月。❷ 新泽西州一项研究表明，死刑案件导致提交的审前申请增加了 2~5 倍，辩方审前调查增加了 3~5 倍，预审时间增加了 66 倍，开庭时间增加了 30 天。案件进入审判阶段的可能性是 10 倍，律师数量是 2 倍，并且导致更长和更复杂的上诉。❸ 对堪萨斯州死刑成本的调查发现，与非死刑谋杀案相比，死刑案件的调查成本高出 3 倍，审判成本高出 16 倍，上诉成本高出 21 倍。❹

联邦死刑管理部门也记录了死刑案件在流程每个阶段的额外费用：律师费、专家费、笔录费和庭外费用对于死刑案件来说要

---

❶ John K. Roman, Aaron Chalfin, Carly R. Knight, Reassessing the Cost of the Death Penalty Using Quasi-Experimental Methods: Evidence from Maryland, 11 *American Law and Economics Review* 530, 530-574 (2009).

❷ Stephen Gurr, The High Cost of Death, *Gainesville Times*, August 10, 2008.

❸ New Jersey Death Penalty Study Commission Report, 2007.

❹ Legislation Division of Post Audit, State of Kansas, Performance Audit Report: Costs Incurred for Death Penalty Cases: A K-Goal Audit of The Department of Corrections, 2003, at 19, 32.

高得多。❶ 必须强调的是，由于死刑案件在每个阶段都更加昂贵和耗时，即使最终通过认罪协商解决，死刑案件也可能比非死刑审判更昂贵，因为有审前和量刑前阶段的费用。根据美国联邦死刑案件数据，最终通过认罪协商解决的死刑案件比非死刑案件的中位数费用高出4倍多。❷ 马里兰州的一项研究表明，政府在符合死刑条件的案件中起诉非死刑罪名，最多可以通过避免审判和随后的上诉节省25万美元。❸

---

❶ Sherod Thaxton, Leveraging Death, 103 *Journal of Criminal Law and Criminology* 475, 475-552 (2013).

❷ Gould, Jon B., Lisa Greenman, Report to the Committee on Defender Services Judicial Conference of the United States: Update on the Cost and Quality of Defense Representation in Federal Death Penalty Cases, 2010, at 28-32.

❸ John K. Roman, Aaron Chalfin, Carly R. Knight, Reassessing the Cost of the Death Penalty Using Quasi-Experimental Methods: Evidence from Maryland, 11 *American Law and Economics Review* 530, 530-574 (2009).

CHAPTER 05>> 第五章

认罪协商的理论与学说

认罪制度在域外占据了刑事司法数据的绝大部分,影响着从警方街头执法到监狱内外的矫正。公正与效率作为刑事司法的基础理论,公正优先于效率这个基本原则在认罪制度中一开始就受到重视,从认罪制度实施后再制定成文法,并且不断强调和研究认罪自愿性、提供越来越多的权利保障就可以充分体现这一原则。现有的很多关于认罪制度的理论和学说,无一不是立足于公正和效率这两个基点展开论证,只不过是研究和论证方法的区别。

第一节 强制论与激励论

强制论是指强制性地使被告人包括无辜者虚假认罪,以获得"好处"。以获益来激励被告人认罪,也具有某种强制性。强制性的认罪倾向于使一切进入刑事诉讼的被告人认罪,导致被告人被迫放弃权利接受检察官的认罪提议，从而使认罪的正当性受到质疑。

一、激励与强制

在与人的自由意志选择同向的情况下，激励有益于自由意志的执行，但是压制被告人自由意志的激励属于强制。在刑事诉讼场景中，审前不羁押、罪名和量刑减让本来是常见的激励方式，但如果没有证据证明被告人妨碍诉讼、逃避出庭，也即被告人本来符合审前释放的条件，却被用来"激励"认罪时，那么这种所谓的激励实际是强制。

认罪与不认罪案件的量刑差异越大，对认罪的激励越强，但这是以刑事法罪刑相适应的基本原则、类案同判的公平待遇作为代价的，如果操作不当，可能既伤害了法治本身，也扭曲了被告人认罪的自愿性。这是最常见的激励方式，也最受质疑。

多年来，许多人认为认罪协商本质上是可靠的，部分原因是他们认为无辜被告人将会选择接受审判以期获得无罪释放，但真实场景远非如此。美国无辜者数据库的数据显示，在某些类型的案件中，无辜者认罪的比例高得惊人。例如，毒品犯罪占所有无辜者认罪案件的40%；在得克萨斯州哈里斯县，自2014年以来，共有71起毒品无辜者案件，每一起案件的无辜被告人都认罪；无辜者数据库中涉及虚假认罪的总体百分比也在随着时间的推移而上升；在2021年，美国无辜者数据库增加了161起新案件，48起（即近30%）的无辜者认罪。[1]

在审前羁押、心理压力、前景压力、控方违法行为的压力、

---

[1] National Registry, 2021 Annual Report, March 2021.

经济压力、重判压力、坐牢压力之下，无辜涉案的人往往更加脆弱，一旦得到检察官承诺较轻起诉或量刑建议的"激励"，即存在认罪的风险。

二、制度化强制

有研究将认罪协商与中世纪欧洲的酷刑法进行对比，认为认罪协商与欧洲中世纪的刑讯逼供在起源、功能，甚至在具体的理论观点上都有显著的相似之处，二者都是在刑事司法陷入困境时出现的替代品。❶

与刑讯逼供相比，认罪协商是对被起诉犯罪的人定罪和量刑的一种非法庭审判程序，是对陪审团审判或法庭审判程序的替代品。在 17 世纪 30 年代的伦敦老贝利法院（Old Bailey），一个陪审团在一天之内要处理 12~20 件重罪案件。陪审团听取许多案件的证据，然后再退庭对所有案件作出裁决。控辩双方在进行普通刑事审判时都不聘用律师。主审法官传唤证人，证人由当地治安法官传唤到庭，诉讼过程就像一场没有组织的辩论争吵。1794 年对哈代叛国案的审判是有史以来第一次超过一天的审判。❷ 1976 年帕特里夏·赫斯特（Patricia Hearst）抢劫银行案的审判持续了 40 天。❸ 1968 年洛杉矶陪审团对重罪的平均审判时间为 7.2 天。❹

---

❶ Langbein, John H., Torture and Plea Bargaining, 46 *The University of Chicago Law Review* 3, 3-22 (1978).

❷ MacKinnon, The Law and the Lawyers, in 2 *Johnson's England* 287, 307 (A. S. Tur-berville ed. 1933) (referring to Rex v. Hardy, 24 St. Tr. 199 (1794)).

❸ Administrative Office of The United States Courts Annnual Report 1976, at 335.

❹ Administrative Director of the Courts, State of New Jersey, Annual Report 1976-1977, 1978, at F-2.

1970年代只有5%的审判持续了5天以上，而49%的审判持续1~3天，35%的审判持续不到1天，11%的审判持续3~5天。❶ 20世纪70年代以后，要求提供更多权利保障的压力导致英美的证据法和审判专业化改革，法律援助制度在英美和欧洲不断完善。这些改革使陪审团审判更复杂、更冗长，以至于被认为不能再作为常规的办案程序。陪审团成为更公正、更贵的刑事司法奢侈品和稀有品。

该研究认为，在认罪协商制度中，中世纪的刑讯以更文明的制度化胁迫手段卷土重来。如果被告人行使陪审团审判权利并在其后被定罪，将受到严厉量刑的制裁，量刑差异正是认罪协商具有胁迫性的原因。认罪协议中的量刑差别会诱使被告人承认犯罪事实或者认罪。当明知被告人无辜的检察官宁愿冒着职业风险不撤诉而是继续起诉，可能是因为被告人也无法冒险行使权利选择审判。以排除合理怀疑为证明标准的审判不是总能得出绝对正确的结果，通过证据不是总能识别出无辜者，被告人会迫于这种现实"自愿"认罪。虽然法官要审查认罪的事实基础，但自愿性和事实基础的保障也与刑讯逼供的主要制度性错误相似，控方的权力过于集中，掌握了具有暴力性质的国家资源，使法官、辩护律师难以制衡。

在美国，陪审制退守刑事司法案件的3%，认罪制度作为替代性的非审判程序已经在大规模替代陪审制。1978年，有学者认为被告人在陪审制定罪后果的压力下"自愿"选择认罪，就像中世纪刑讯逼供的供述取代了两个目击证人的完整证明，而且这两种替代品都在各自的时代合法化了；美国认罪协商牺牲了对抗式陪

---

❶ Administrative Director of the Courts, State of New Jersey, Annual Report 1976–1977, 1978, at F-2.

审团审判的价值：非专业人士参与刑事判决、无罪推定、公诉人排除合理怀疑的举证责任、对质权和辩护权、不自证其罪特权等。通过被告人自愿认罪，这些权利所代表的价值都被放弃了。❶

1979年，有学者认为，在同一时期，欧洲大陆也感受到了类似的提高权利保障的压力，但这些压力导致了非对抗性程序的改革，从而保留了法官审判制度，虽然被告人认罪率高达41%，但没有类似美国认罪协商制度的那种协商谈判，也没有量刑差异。❷当时持这一论点的作者并未料到，备受其推崇的欧洲大陆刑事司法现已采纳了认罪制度，甚至在德国，法官亲自与被告人讨论认罪；而在美国，之所以多数司法辖区禁止法官进行协商讨论，只有检察官可以进行认罪协商，是由于人们认为法官是最后一道防线。

这些研究的角度值得关注，即心理强制和胁迫，使人心生恐惧从而放弃抵抗，选择顺从认罪。但是与中世纪的刑讯逼供相比，权利保障运动使被告人的人身权利和诉讼权利有了更多保障。

三、认罪机器论

有学者认为，最早期的陪审团审判公开进行，被害人自行起诉，被告人自行辩护，陪审团运用常识进行道德判断，有剧场化的教育功能，宣扬道德的价值，唾弃道德上错误、法律上不公的行为。这与美国宪法和权利法案的价值高度契合，重视人的权利、

---

❶ John H. Langbein, Torture and Plea Bargaining, 46 *The University of Chicago Law Review* 3, 3-22 (1978).

❷ John H. Langbein, Land without Plea Bargaining: How the Germans Do It, 78 *Michigan Law Review* 204, 204-225 (1979).

利益、情感、需求。如今刑事司法已蜕变成通过认罪协商快速办案的机器，隐蔽运行、脱离大众，刑事司法结构上的三大变化决定了这一转变。首先，刑事司法专业机构排挤了非专业人员，调查和控制对犯罪的起诉。其次，快速、秘密的辩诉协商取代了公开审判和陪审团的常识和道德判断。最后，监禁也不对公众公开，使公众无法看到正义得到伸张。❶

虽然认罪协商在一定程度上加速了司法程序，使其可迅速处理大量案件，速度快、成本低，但却牺牲了许多其他刑事司法价值。认罪协商的量刑也反映了被告人行为的恶劣程度，也反映了律师的利益、能力和价值，但问题在于被告人的行为需要多少报应、威慑是静态的，不能忽视刑事司法改变被告人及参与人、修补恢复因犯罪而破裂的关系的动态潜力。如果期待刑事司法可以减少未来的犯罪，就不能忽略这些目标。相比之下，陪审团审判和明确的定罪可以为被害人平反，谴责罪行，教训被告人。犯罪不仅是个人的错误行为，还伤害社会关系。陪审团审判在治愈受伤害的人际关系、为被害人伸张正义、教育不法行为者并使其重新融入社会方面有着巨大的作用。认罪制度下的悔恨和道歉只是用来衡量被告人需要多少报应、威慑，尤其是美国认罪协商中的不辩解等答辩方式否认自己有罪，而这样的被告人可能仍然获得和认罪一样的减轻量刑。这种模棱两可的认罪剥夺了被告人、被害人及其家属和公众想要的明确的解决方案。被害人的宽容和原谅曾经在刑事诉讼中发挥着更大的作用。但如今，国家及其专业人士主导着刑事诉讼程序，认罪协商在很大程度上排斥外行人，几乎没有给外行人留下直接协商的空间，包括作为当事人的被告

---

❶ Stephanos Bibas, *The Machinery of Criminal Justice*, Oxford University Press, 2012.

人和被害人。刑事司法统计和评论不再使用道德判断，使用如速度、成本和案件处理数量等道德中立的术语。专业人士可以通过运行认罪系统来最大程度地提高效率，从而掩盖了复杂多元的道德判断。道德判断更适合由陪审团来进行。❶

该学者认为，所有身体健康的囚犯都应该学习工作技能并工作，以回报被害人、国家和自己的家庭。工作被认为是一种亲社会的行为，可以抵消反社会思想，教育囚犯养成良好的生活习惯。同样，强制其接受教育和职业培训及戒毒治疗也能传授宝贵的技能，帮助他们正确认识自身、他人和社会，帮助其获释后自食其力重新融入社会，成为遵纪守法的公民。减轻或消除定罪的附带后果同样可以促进服刑后重新融入社会。但这些宏观层面的改革可能会与制度性障碍发生正面冲突。企业可能会抵制接收技能不足、有前科的人，而监狱办企业则因竞争关系面临企业的反对。❷对于美国刑事司法而言，所涉及的问题过于多样化，单一的全国性解决方案可能无法解决问题，而需要一个连续的、长期的探索过程。

第二节　认知论

认知论等理论是对认罪制度引入新的研究方法进行讨论，主要是采用心理学、行为科学等跨学科的理论讨论认罪协商。

---

❶❷ Stephanos Bibas, *The Machinery of Criminal Justice*, Oxford University Press, 2012.

一、无辜者由于认知偏差认罪

有多项心理学研究关注认知偏差造成的无辜者认罪。其中,有研究借鉴认知心理学来识别和研究美国现行制度中可能出现的不公正现象,重点关注无辜被告人认罪而导致的错误定罪。

有学者认为,现行认罪制度的结构会导致认罪决定中的认知偏差,而这种偏差很可能对无辜被告人的影响大于对有罪被告人的影响。无辜被告人比有罪被告人受到更大的影响,从而导致无辜者在可预见的条件下认罪的比例会增加。现行认罪制度的特点是,即使陪审团审判定罪的概率很低,无辜者有时也"愿意"认罪。[1] 这些研究结论与无辜者数据库关于无辜者认罪的统计基本一致。

有学者认为,认知能力会造成认知偏差以致决策错误。青少年由于认知能力处于发展的早期,更可能对自己未犯的罪行认罪,作出的决定不符合人们的普遍认知。例如,为了警官"认罪就可以回家过圣诞"的"承诺"对放火罪认罪。[2]

认罪问题超出了青少年的理性判断能力,使他们容易受到表面诱人的认罪提议或承诺的影响,并使其在作决定时扭曲重要的价值观。因此青少年不宜作出可能对其一生产生负面影响的决定,尤其是在可能具有胁迫性的认罪案件中,在起诉阶段应增加透明度,以便辩护律师和被告人能够准确评估控方的起诉证据和强度。

---

[1] Rebecca K. Helm, Innocent Until Persuaded to Plead Guilty: Using Cognitive Psychology to Examine Plea Bargaining's Innocence Problem, Cornell University ProQuest Dissertations & Theses, 2017.

[2] 参见祁建建:"美国涉认罪案件无辜者之识别与救济",载《法律适用》2019年度第24期。

检察官和辩护律师尽可能不要过早地对定罪可能性进行评估，以避免因锚定评估结果而产生偏差的风险。该学者还认为，理想的认罪协商应仅限于量刑，而非对犯罪事实和指控罪名的协商。[1]

二、框架效应论

被告人作出认罪决策的心理机制至今仍未完全明确，尤其是案件信息的呈现方式如何影响被告人的选择，在认罪协商中的具体作用需要进一步研究。一项随机对照实验为这一问题提供了新的视角。研究发现，对认罪协议的描述方式（即框架效应）显著影响了被告人的决策行为。

在这项研究中，501名刑事司法专业的本科生被分配到不同实验条件中，模拟两种情境的被告人："无辜者"与"有罪者"。参与者被随机分配到三个框架条件：收益框架，强调认罪带来的好处；损失框架，强调认罪带来的负面后果；中性框架，不带有明显倾向的客观描述。通过情境和框架的交互分析，该研究旨在探讨在不同框架条件下，被告人是否更倾向于接受认罪协议，以及这种倾向如何因"无辜"或"有罪"情境而表现出差异。研究发现框架效应具有显著性。

第一，研究显示，收益框架对无辜和有罪情境的影响截然不同。在无辜者中，收益框架显著提高了被告人接受认罪协议的可能性，因为无辜者可能将认罪协议视为避免更大风险的机会。而在有罪情境下，收益框架反而降低了认罪意愿，因为有罪者可能

---

[1] Rebecca K. Helm, Innocent Until Persuaded to Plead Guilty: Using Cognitive Psychology to Examine Plea Bargaining's Innocence Problem, Cornell University ProQuest Dissertations & Theses, 2017.

将其视为一种损失。数据分析表明，在无辜者中，收益框架对认罪意愿的影响是中性框架的 8 倍；而在有罪情境中，这一效应为中性框架的 3 倍。相比之下，损失框架的影响较弱，仅表现出与中性框架的微弱差异。

第二，个体因素的影响有限。传统变量，如年龄、性别、社会经济地位等，对认罪决策的总体影响较小。这表明，信息呈现方式即框架效应在认罪决策过程中具有主导作用，削弱了个人因素的影响。

第三，跨群体的一致性。分析发现，框架效应在不同人口统计学特征中表现出高度一致性，如性别、种族等。这一结果进一步证明了框架效应的稳定性和普遍适用性。

框架效应对司法系统的公平性提出了挑战。其一，辩护律师的角色非常重要。辩护律师客观分析案件和认罪协议，帮助被告人作出更为理性和知情的决策，可以减少框架效应带来的认知偏差。其二，对检察官与辩护律师的规范。检察官和辩护律师在与被告人沟通时，应当考虑呈现认罪协议的方式。通过规范信息呈现方式，可以减少框架效应的负面影响，避免不公平的胁迫行为。[1]

该研究的局限性也很显著。一是研究样本为大学生，虽然为实验控制提供了便利，但无法完全代表实际司法系统中的被告人。其二，无法理解正在经历刑事诉讼或曾经历审前羁押的群体。其三，缺乏不同的刑期幅度和附带后果等情境变量。

---

[1] Laura M. Garnier-Dykstra & Theodore Wilson, Behavioral Economics and Framing Effects in Guilty Pleas: A Defendant Decision Making Experiment, 38 *Justice Quarterly* 224, 224-248（2021）.

第三节 其他理论

关于批驳或维护认罪制度的理论论证，除强制论和交叉学科理论之外，关于认罪制度的行政化、辩护人、程序公正等理论也是值得关注的。

一、定罪的行政化

有学者探讨了认罪协商及类似机制在全球范围内的广泛传播，并提出了"刑事定罪行政化"这一概念，将刑事定罪行政化定义为：①非司法的行政主体在定罪决策中获得更大权力；②刑事定罪是通过绕过审判中对被告人权利保护的程序实现的。该学者认为，某些国家或地区的刑事定罪的行政化裁定是通过被告人承认有罪或正式同意不经审判对案件进行裁决而合法化的。[1]

该学者提出了一个量化指标——刑事定罪行政化率，即使用不经正式审判程序定罪的案件所占的比例，用于比较各国家和地区中此类机制的普遍程度。通过分析 26 个国家和地区的数据，揭示了行政化率在各国间的显著差异，并探讨了影响这些差异的因素，包括法律传统、案件数量压力、惩罚性程度及程序复杂性。该学者将认罪协商置于更广泛的放弃传统审判机制的框架内进行讨论，并分析了这些机制对刑事司法系统公平性、透明性和责任

---

[1] Máximo Langer, Plea Bargaining, Conviction Without Trial, and the Global Administratization of Criminal Convictions, 4 *Annual Review of Criminology* 377, 377-411 (2021).

制的影响。❶ 研究结果强调了对刑事诉讼程序全球转型进行更多实证和规范性研究的必要性。

二、辩护人身份论

有学者认为，从组织角度来看，法律援助公设辩护律师在认罪协议谈判过程中比私人辩护律师处于更有利的地位。特别是，公设辩护律师被认为更有能力就认罪协议进行谈判，而且由于这些律师在法庭工作中的常规性，不太可能在法庭上引起摩擦，这在认罪谈判中往往对被告人有利。❷ 作为更加熟悉法庭动态的内部人士，公设辩护人更熟悉各种犯罪的规范和诉讼率。❸ 如果是这样，被告人可能会从公设辩护律师那里受益。

有学者认为，虽然在某些情况下，有公设辩护人可能是一种优势，而在法庭程序的其他阶段，有私人律师也有其好处，但根

---

❶ Máximo Langer, Plea Bargaining, Conviction Without Trial, and the Global Administratization of Criminal Convictions, 4 *Annual Review of Criminology* 377, 377-411 (2021).

❷ Alschuler, A, The Defense Attorney's Role in Plea Bargaining, 84 *The Yale Law Journal* 1179, 1179-1314 (1975); Bibas, S., Plea Bargaining Outside the Shadow of Trial, 117 *Harvard Law Review* 2463, 2463-2547 (2004); Henderson, K. S., Defense Attorneys and Plea Bargains, In V. A. Edkins & A. D. Redlich (Eds.), *A system of pleas: Social science's contributions to the real legal system*, Oxford University Press, 2019, pp.37-55.

❸ Henderson, K. S., Defense Attorneys and Plea Bargains, in V. A. Edkins & A. D. Redlich (Eds.), *A system of pleas: Social science's contributions to the real legal system*, Oxford University Press, 2019, pp.37-55;
Henderson, K. S., & Levett, L., Plea bargaining: The influence of counsel, in M. K. Miller & B. H. Bornstein (Eds.), Springer, 4 *Advances in Psychology and Law* 73, 73-100 (2019).

据律师类型的不同,结果并没有实质性的差异。❶ 虽然有一些与公设辩护人相关的有利研究结果,但被告人往往认为他们因有公设辩护人而处于不利地位。因此,公设辩护人在公众眼中可能缺乏合法性,特别是公设辩护人经常因案件量大、资源有限而受到批评,这意味着他们无法投入所需的时间和精力来关注每一位客户,也可能过快地进行认罪协商。有学者在定性分析中发现了这种情况,即仅仅因为辩护人是公设辩护人,就会对他们的能力产生更大的怀疑。❷ 对律师与委托人之间的信任的研究表明,与指定律师相比,被告人对私人律师的信任度更高。❸ 结果是,辩护律师的类型有可能影响被告人的认罪决策。当公设辩护人辩护时,被告人对认罪的接受程度较低。同时,被告人也会认为公设辩护人的资格较低,这也会导致被告人对认罪提议的接受度降低。

除律师的身份为公派或私人之外,种族、性别、经验、与其他法庭成员的熟悉度,以及对被告人的同理心都会影响被告人是否认罪的决定。其一,被告人更倾向接受拥有丰富经验或表现出同理心的辩护律师提出的认罪协议。其二,辩护律师为私人律师时,与公派律师相比,经验、熟悉度和同理心于被告人对律师

---

❶ Cohen, T., Who Is Better at Defending Criminals? Does Type of Defense Attorney Matter in Terms of Producing Favorable Case Outcomes, 25 *Criminal Justice Policy Review* 29, 29-58 (2014); Hartley, R. D., Ventura Miller, H., & Spohn, C, Do You Get What You Pay for? Type of Counsel And Its Effect on Criminal Court Outcomes, 38 *Journal of Criminal Justice* 1063, 1063-1070 (2010); Williams, M. R, A Comparison of Sentencing Outcomes for Defendants with Public Defenders Versus Retained Counsel in A Florida Circuit Court, 23 *Justice System Journal* 249, 249-257 (2002).

❷ Clair, M, Being A Disadvantaged Criminal Defendant: Mistrust And Resistance in Attorney-Client Interactions, 100 *Social Forces* 194, 194-217 (2021).

❸ Boccaccini, M., Boothby, J., & Brodsky, S, Development And Effects of Client Trust in Criminal Defense Attorneys: Preliminary Examination of The Congruence Model of Trust Development, 22 *Behavioral Sciences and the Law* 197, 197-214 (2004).

"胜任程度"的判断有显著影响，而这种胜任感又进一步影响被告人对认罪协议的接受程度。但被告人的决策受多个因素驱动，包括结果的不确定性、认罪协议的后果，以及协议的合理性。❶ 总体上辩护律师在帮助被告人处理法庭案件和决策中有关键作用，尤其是其经验和同理心提升了被告人对律师的信任感，最终影响被告人接受认罪协议的决定。另外，公设辩护人虽然有组织上的优势，但无法解释在实践中有经济条件聘请私人律师的被告人一般都不使用公设辩护人。

三、程序公正价值论

在美国，家庭暴力作为犯罪行为，属于刑事司法体系的固有组成部分。由于再犯率极高，家庭暴力被认为是极为顽固的犯罪类型。美国州法院中心在其2013年版的研究报告中介绍了佛蒙特州本宁顿县的经验，强调将程序公正的基本要素融入家庭暴力案件审理过程的重要性。这些要素包括赋予当事人发表意见的机会、确保当事人理解程序、给予当事人尊重和尊严。❷ 这种方式不仅提升了诉讼效果，还显著降低了再犯率。

2007年，在资源有限的情况下，佛蒙特州本宁顿县的农村地区成立了本宁顿综合家庭暴力法庭。这一协作型法庭程序将轻罪性质的家庭暴力刑事案件与相关的家事法庭保护令、离婚案件及

---

❶ Emily Suiter and Christi Metcalfe, The Impact of the Defense Attorney on Plea Decision-Making: An Experimental Analysis, 51 *Criminal Justice and Behavior* 307, 307-328 (2023).

❷ David Suntag, *Procedural Fairness*, *Swift and Certain Sanctions*: Integrating the Domestic Violence Docket, in *Trends in State Courts* 2013, C. Flango et al., eds., https://ncsc.contentdm.oclc.org/digital/collection/ctadmin/id/2003, 2024年9月23日最后访问。

亲权案件整合在一起，由同一位法官在同一天进行会议式审理。这种创新模式显著改善了家庭暴力案件的司法效果。研究显示，在为期 3 年的对比研究中，家庭暴力刑事再犯率下降了 40% 多，其他新罪行的再犯率则下降了 50% 多。❶ 2014 年，该项目被另一个县借鉴，初步数据显示，在最初的 11 个月内，未发生任何刑事再犯案件。❷

佛蒙特司法研究中心对 2008—2013 年的家庭暴力案件数据进行了调查。在 8693 起轻罪家庭暴力案件中，只有 1.5% 进入审判程序；而在 3383 起重罪家庭暴力起诉中，这一比例仅为 2.3%。❸ 其余案件要么被撤回，要么通过认罪协商解决。这表明，认罪协议、量刑听证会已成为处理绝大多数家庭暴力案件的关键程序。然而，这种处理方式往往忽略了个性化处理的必要性，缺乏对案件具体情节和当事人特殊需求的考量。

在许多司法辖区，处理轻罪家庭暴力案件的典型做法是判处某种形式的缓刑，并附加如成功完成施暴者干预计划等条件，这些干预计划是基于"权力/控制"的家庭暴力模型，专为一种持续的、不断升级的控制性虐待模式服务。然而，不同类型的家庭暴力需要不同的干预水平，统一的应对方式不仅常常无效，甚至可能造成伤害或危险。例如，将所有被害人归入这一类别可能会忽视他们的个体需求，使被害人在司法系统中处于从属地位。

---

❶ David Suntag, Procedural Fairness, Swift and Certain Sanctions: Integrating the Domestic Violence Docket, in *Trends in State Courts* 2013, C. Flango et al., eds., https://ncsc. contentdm. oclc. org/digital/collection/ctadmin/id/2003, 2024 年 9 月 23 日最后访问。

❷ David Suntag, Pleas, Plea Bargaining, and Domestic Violence: Procedural Fairness as an Answer to a Failing Process, 57 *Court Review* 58, 58-62（2021）.

❸ David Suntag, Pleas, Plea Bargaining, and Domestic Violence: Procedural Fairness as an Answer to a Failing Process, 57 *Court Review* 58, 58-62（2021）.

在本宁顿法庭中,程序公正原则被引入家庭暴力刑事认罪听证会中。法官在听证会开始前,审查书面认罪协议及其所附的事实陈述,以确保其足以确立犯罪的事实基础。在庭审中,法官通过通俗易懂的语言向被告人解释指控罪名的构成要素,并鼓励被告人提出问题。法官要求被告人直接说明案件事实,确保被告人有机会表达自己的声音。同时,法官、检察官和辩护律师认真倾听并尊重被害人的意见,而不是简单地假设司法系统的判断优于被害人的感受。

通过这一程序,不仅满足了被害人和被告人的个体需求,还促进了法庭对案件背景和暴力类型的准确了解。这一方法能够有效区分不同类型的家庭暴力,包括控制性暴力、分手暴力及偶发伴侣暴力(通常是轻微暴力且不会升级),从而为不同类型的案件制定更具有针对性的解决方案。

引入程序公正原则的开庭听证会显著减少了家庭暴力再犯率。这一经验为传统刑事司法系统提供了宝贵的改进经验。与其沿用统一的处罚方式处理所有案件,不如通过细致的程序设计,为当事人提供平等的表达机会和个性化的司法处置方案,从而实现更高质量和更好效果的司法目标。

值得注意的是,在美国,家庭暴力行为属于严重道德败坏的犯罪,占美国暴力犯罪的 15%,极其轻微的暴力也会有极其严重的法律后果;不少州的法律规定检察机关对家庭暴力案件执行不放弃起诉的政策,一旦发生家庭暴力案件就必须作为刑事案件进行追诉,向法院提起刑事诉讼。❶ 家庭暴力保护令可长达五年、十年至永久,保护令有效期间不得持枪。美国司法部统计数据表明,

---

❶ Rachel Jos, Breaking the Cycle: Domestic Violence Policy Reimagined, *Bruin Political Review*, Mar 17, 2024.

自 2006 年至 2015 年的十年间，平均每年发生 131.4 万起非致命性家庭暴力案件，39% 的案件中施暴者被逮捕或起诉。[1] 这是本部分关于家庭暴力认罪协商案件中刑事司法政策的背景。

---

[1] Brian A. Reaves, Police Response to Domestic Violence, 2006-2015, Bureau of Justice Statistics, Office of Justice Programs, U.S. Department of Justice, May 2017.

CHAPTER » 余 论

本书比较了不同美国司法辖区对认罪协商的不同实践,还探讨了不同学者对于认罪协商的不同观点和顾虑。为了解决认罪的严重附随后果,便于被告人回归社会,目前美国联邦和50个州通过了初犯法,对初犯尽可能适用缓刑、分流计划等非监禁刑;联邦和50个州也建立了犯罪记录的封存或消除制度。笔者认为,美国以认罪协商为案件主要解决方式的刑事司法仍面临一些挑战。

第一,美国刑事司法中认罪协商案件的无辜者困境。即使他们知道自己无罪,面对"轻缓刑罚"(如缓刑)和"重判风险"(30年监禁,甚至终身监禁或者死刑)的对比,许多人会选择认罪以规避审判风险。这种风险评估导致了所谓的风险规避型认罪。在这些情况下,即使是无辜者也可能选择认罪,这并非因为他们真的有罪,而是因为审判定罪的后果太过严厉。虽然数据表明近年美国陪审团审判的有罪判决率约为65%(普通案件)~76%(高曝光率案件),但以10倍重判的风险换取普通案件约 30%（高曝光率案件为 17%）的无罪判决可能性❶，几乎无人敢于承担。

第二，美国刑事司法中的无辜者困境跟某些检察官过度起诉、追求定罪超过了对公正的追求有关，而一些法官可能更关注案件数量管理，如清空积案，而非确保案件质量和每个案件的公平性。这些行为可能无意中鼓励了不公正的认罪协议。

第三，一些人对刑事指控有一些常见的误解，这往往是基于对无罪推定的不理解或不接受。例如，把起诉等同于定罪。无论是在事实上还是在法律上，起诉都不等于定罪，起诉仅意味着检察官认为有足够的证据支持审判，而不等同于被告人有罪。在宣判定罪前，任何人都被法律推定为无辜。又如，高曝光率案件中的公众情绪和偏见可能导致被告人在未经公正审判的情况下被贴上有罪的标签。再如，容易忽略控方举证责任，错误地认为被告人不认罪就得拿出无罪证据来。

第四，辩护资源不足。公设辩护人面临普遍的资源和人手短缺。2013 年，美国各州对公设辩护人支出 10 亿美元人员经费，不含指定律师和合同律师，其中阿肯色州法律援助律师每年人均办结 470 件刑事案件，外加 120 件民事案件，详见表 1 和表 2。❷

---

❶ Paula Hannaford-Agor, Morgan Moffett, 2023 State-of-the-States Survey of the Jury Improvement Efforts: High-Profile Jury Trials, National Center for State Courts.

❷ Suzanne M. Strong, State-Administered Indigent Defense Systems, 2013, Bureau of Justice Statistics, Office of Justice Programs, U.S. Department of Justice, November 2016.

表1　2013财年州刑事法律援助若干标准

标准类型	有标准的州数（含哥伦比亚特区；单位：个）
最大案件负荷标准	13
超出负荷标准时可拒绝接案	7
在1天内指派临时律师	11
在3天内指派永久律师	20
刑事案件所有法院阶段的辩护律师	18
出席保释或提审听证会	20
就认罪协商向被告人提供建议	23
出席未成年人拘留听证会	24
出席未成年人审判听证会	26

资料来源：数据来源于美国司法部统计数据。Suzanne M. Strong, State-Administered Indigent Defense Systems, 2013, Bureau of Justice Statistics, Office of Justice Programs, U. S. Department of Justice, November 2016.

表2　2013财年州法律援助律师诉讼结案数

州	全职等效律师总数（单位：人）	每位律师总案件数（单位：件）	重罪案件（单位：件）	轻罪案件（单位：件）	未成年人案件（单位：件）	上诉案件（单位：件）
总计	8830	250	70	80	20	2
阿肯色州	150	590	200	270	150	—
科罗拉多州	600	310	71	64	10	2
康涅狄格州	240	300	10	190	20	2
特拉华州	150	220	40	110	30	1
哥伦比亚特区	100	140	10	—	4	1
夏威夷州	100	360	40	280	30	1

续表

州	全职等效律师总数（单位：人）	每位律师总案件数（单位：件）	重罪案件（单位：件）	轻罪案件（单位：件）	未成年人案件（单位：件）	上诉案件（单位：件）
肯塔基州	350	460	210	150	60	1
路易斯安那州	490	320	110	160	20	2
缅因州	230	130	40	40	10	1
马里兰州	1620	130	—	—	10	—
明尼苏达州	310	50	80	290	60	2
密苏里州	480	170	80	40	3	1
新泽西州	520	210	110	—	20	5
新墨西哥州	550	140	50	60	10	0
北卡罗来纳州	900	360	70	170	20	2
北达科他州	60	200	100	100	10	2
罗得岛州	40	530	110	230	30	1
南卡罗来纳州	720	80	40	20	10	1
佛蒙特州	90	210	40	100	50	2
西弗吉尼亚州	920	70	20	30	10	0
怀俄明州	50	290	60	200	10	1

资料来源：数据来源于美国司法部统计数据，其中律师办案总数包括民事案件。Suzanne M. Strong, State-Administered Indigent Defense Systems, 2013, Bureau of Justice Statistics, Office of Justice Programs, U. S. Department of Justice, November 2016.

以上问题揭示了美国刑事司法系统面临的深层挑战。2023年8月，美国律师协会刑事司法部门认罪协商任务小组提出关于认罪协商改革的14项原则，通过第502号决议提交给美国律师协会代表大会，并压倒性地获得通过，成为该协会的官方政策。

2023年《认罪协商任务小组报告》的14项原则如下。

原则1：积极安排刑事审判和审前及审后诉讼的日程对于促进刑事司法系统的透明度、责任制、公正性和合法性至关重要。

原则2：不应使用不当的强制性激励措施或压制被告人意志的激励措施而导致被告人认罪。

原则3：一般而言，审前（笔者注：认罪协商）提出的量刑建议和审后（笔者注：陪审团审判或法官审判）量刑结果之间的某种差异是可以接受的，但若存在显著差异，则会削弱刑事系统的完整性，并被视为对他人行使审判权的惩罚，这种差异通常被称为审判惩罚，应予以消除。

原则4：不应以制造量刑差异、加重惩罚或附加后果为目的选择或修改起诉，以诱使被告人认罪或惩罚被告人行使其权利包括审判权。

原则5：刑事司法系统应承认，认罪协商可能因各种原因促使被告人认罪，其中一些原因与事实和法律上的有罪毫无关系。在当前的系统中，无辜者有时会认罪承认他们未犯下的罪行。

原则6：被告人在认罪前应有权在所有刑事程序中获得合格辩护律师的帮助。辩护律师应有充足机会履行其调查案件的职责，而不会对被告人造成不利后果。

原则7：在认罪协商阶段，应有完善且透明的程序，以确保被告人的认罪是知情且自愿的，未受不当强制，并且被告人充分了解认罪决定的后果。

原则8：应消除利用保释或审前羁押迫使被告人认罪的做法。

原则9：被告人在作出认罪之前，应收到检方所有的证据材料，包括有利于被告人的证据材料。被告人应有充足时间审阅这些证据材料,然后再被要求接受或拒绝检方认罪提议。

原则 10:虽然认罪不可避免地涉及对某些审判权利的放弃,但有些权利不应要求被告人在认罪协议中放弃。

原则 11:被告人对认罪可能引发的附带后果有充分理解,是确保认罪知情且自愿的必要条件。

原则 12:法学院学生、律师、检察官和法官接受的有关认罪协商之使用及实践的培训,应符合"2023 年美国律师协会刑事司法部门认罪协商任务小组"报告里的调查结论和建议。

原则 13:法院系统、量刑委员会及其他刑事司法利益相关者,包括检察官办公室和公设辩护人,应收集与认罪协商过程及个案认罪协商相关的数据,包括案件中的检方认罪提议历史。收集的数据应当用于评估和监测认罪协商过程中的种族及其他偏见。

原则 14:在刑事诉讼的每个阶段,刑事系统的所有参与者应对认罪协商过程进行严格的监督,以确保系统的准确、正当、诚信、健全,使其运作符合本报告的原则,并促进刑事系统的透明度、责任制、公正性和合法性。"❶

......

美国认罪协商最初作为一种提高效率的试验开始,最终却成为其试图协助的刑事司法系统的主导机制。虽然认罪协商在适当使用时具有许多优势,但一个未受监管监控且未受指导的认罪系统的风险和代价是重大的。❷

可见,美国刑事司法界已经认识到认罪协商的风险和问题,有的部门出台了原则性的改革指导方针,识别出存在以下导致无

---

❶❷ Lucian E. Dervan, Fourteen Principles and a Path Forward for Plea Bargaining Reform, *Criminal Justice Magazine*, Winter 2024.

辜者认罪或被告人非自愿认罪的问题:法院在审判、审前、审后诉讼中运转不积极,强制性激励,审判惩罚即行使审判权被判更重,量刑差异,律师帮助辩护不足,审前剥夺自由,程序不完善及缺乏透明度,对被告人证据开示不足,要求被告人放弃某些不应放弃的核心权利,被告人对认罪附带后果理解不充分等。为了解决这些问题,一些部门建议收集更多数据,加强对认罪协商的监督,识别出更多具体问题,推动有针对性的改革措施。

CHAPTER » 参考文献

[1] 习近平. 坚持走中国特色社会主义法治道路 更好推进中国特色社会主义法治体系建设［J］. 求是，2022（4）：4-9.

[2] 习近平. 在企业家座谈会上的讲话［N］. 人民日报，2020-07-22（2）.

[3] 习近平在中共中央政治局第十次集体学习时强调 加强涉外法制建设 营造有利法治条件和外部环境［N］. 人民日报，2023-11-29（1）.

[4] 中共中央宣传部. 习近平新时代中国特色社会主义思想学习纲要［M］. 北京：学习出版社、人民出版社，2023.

[5] 1789 Judiciary Act.

[6] 234 Pennsylvania Code.

[7] 5-Year-Old Girl Fatally Shot on San Francisco Highway［EB/OL］.（2023-04-10）［2023-09-20］. https://www.foxnews.com/us/5-year-old-girl-fatally-shot-san-francisco-highway.

[8] ABA Model Rules of Professional Conduct.

[9] ABA Standards for Criminal Justice：Pleas of Guilty.

[10] ADAMS A. Toddler Dies After Being Shot in the Head by Possible "Stray Bullet" in Oakland [EB/OL]. People, (2021-11-07) [2023-09-20]. https://people.com/crime/oakland-boy-dies-shot-in-the-head-stray-bullet-car-highway-shooting/.

[11] Administrative Director of the Courts, State of New Jersey, Annual Report 1976-1977 [R], 1978.

[12] Administrative Office of The United States Courts Annual Report 1976 [R], 1977.

[13] Alabama Rules of Criminal Procedure.

[14] Alleyne v. U.S., 133 S. Ct. 2151 (2013).

[15] ALSCHULER A. The Defence Attorney's Role in Plea Bargaining [J]. The Yale Law Journal, 1975, 84: 1179-1314.

[16] American Bar Association. Model Rules of Professional Conduct. 2023.

[17] American Disabled for Attendant Programs Today v. HUD, 170 F. 3d 381, 384 (3d Cir. 1999).

[18] Arizona Rules of Criminal Procedure.

[19] ARNAUD E H, SIMS-AGBABIAKA B. New York Bail Reform: A Quick Guide to Common Questions and Concerns [J]. Cornell Law Review, 2020-2021, 106: 1-26.

[20] ASHCROFT J. Memorandum from Attorney General to All Federal Prosecutors, Department Policy Concerning Charging Criminal Offenses, Disposition of Charges, and Sentencing [R]. 2003-09-22.

[21] BARKOW R E. Institutional Design and the Policing of Prosecutors: Lessons from Administrative Law [J]. Stanford Law Review, 2009, 61: 869-922.

[22] BARKOW R E. Separation of Powers and the Criminal Law [J]. Stanford Law Review, 2006, 58: 989-1054.

[23] BARNARD C. Oakland Neighbors Demand Safety, Accountability after

Stray Bullet Kills Mother of 2 [EB/OL]. 2023-09-17 [2023-09-20]. https://abc7news.com/oakland-shooting-deadly-38th-avenue-and-masterson-street-mother-dies/13793650/.

[24] BAUGHMAN S B. Cost of Pretrial Detention [J]. Boston University Law Review, 2017, 97: 1-30.

[25] BEALE S S. The Story of Ewing: Three Strikes Laws and the Limits of the Eighth Amendment Proportionality Review [C] //COKER D, WEISBERG R, eds. Criminal Law Stories. Foundation Press, 2013.

[26] Belmontes v. Woodford, 350 F. 3d 861 (9th Cir. 2003).

[27] BENTHAM J. Rationale of Judicial Evidence [M]. London: Hunt and Clarke, 1827.

[28] BJERK D. Socially Optimal Plea Bargaining with Costly Trials and Bayesian Juries [J]. Economic Inquiry, 2021, 59: 263-279.

[29] BIBAS S. Plea Bargaining Outside the Shadow of Trial [J]. Harvard Law Review, 2004, 117: 2463-2547.

[30] BIBAS S. The Machinery of Criminal Justice [M]. Oxford: Oxford University Press, 2012.

[31] BOCCACCINI M, BOOTHBY J, BRODSKY S. Development and Effects of Client Trust in Criminal Defense Attorneys: Preliminary Examination of the Congruence Model of Trust Development [J]. Behavioural Sciences and the Law, 2004, 22: 197-214.

[32] Bordenkircher v. Hayes, 434 U.S. 357 (1978).

[33] BROWN D K. Free Market Criminal Justice [M]. Oxford: Oxford University Press, 2016.

[34] BROWN D. The Judicial Role in Criminal Charging and Plea Bargaining [J]. Hofstra Law Review, 2017, 46: 63-86.

[35] BROWNE G E, STRONG S M. Pretrial Release and Misconduct in Federal District Courts, Fiscal Years 2011-2018 [R]. Bureau of Justice

Statistics, Office of Justice Programs, U. S. Department of Justice, 2022-03.

[36] CA Penal Code.

[37] Carranza v. INS, 277 F. 3d 65 n. 5 (1st Cir. 2002).

[38] CARSON E A, KLUCKOW R. Correctional Populations in the United States, 2021-Statistical Tables [R]. U. S. Department of Justice, Office of Justice Programs, Bureau of Justice Statistics, 2023-02.

[39] Chesa Boudin Recall, San Francisco, California (2021-2022) [R/OL]. [2023-09-20]. https://ballotpedia.org/Chesa_Boudin_recall,_San_Francisco,_California_(2021-2022).

[40] CIVILETTI B R. Principles of Federal Prosecution [R]. 1980-07-28.

[41] CLAIR M. Being a Disadvantaged Criminal Defendant: Mistrust and Resistance in Attorney-Client Interactions [J]. Social Forces, 2021, 100: 194-217.

[42] COHEN T. Who Is Better at Defending Criminals? Does Type of Defense Attorney Matter in Terms of Producing Favorable Case Outcomes [J]. Criminal Justice Policy Review, 2014, 25: 29-58.

[43] COMEY J B. Memorandum from Deputy Attorney General to All Federal Prosecutors, Jan. 28, 2005.

[44] Congo v. State, 455 So. 2d 896 (Ala. 1984).

[45] Connelly v DPP [1964] AC 1254.

[46] Costello v. United States, 350 U. S. 359 (1956), 76 S. Ct. 406, 100 L. Ed. 397.

[47] CRESPO A M. The Hidden Law of Plea Bargaining [J]. Columbia Law Review, 2018, 118 (6): 1303-1364.

[48] Crowley v. United States, 194 U. S. 461, 475 (1903).

[49] CULLEN F T, LERO JONSON C, NAGIN D S. Prisons Do Not Reduce Recidivism: The High Cost of Ignoring Science [J]. The Prison Jour-

nal, 2011, 91 (suppl): 48S-65S.
- [50] DAVIS K C. Discretionary Justice: A Preliminary Inquiry [M]. Baton Rouge: Louisiana State University Press, 1969.
- [51] D. C. Superior Court Rules of Criminal Procedure.
- [52] Department of Justice. Justice Manual.
- [53] Departmental Policies and Procedures Concerning Sentencing [R]. 2005-01-28.
- [54] EHRHARD-DIETZEL S. The Use of Life and Death as Tools in Plea Bargaining [J]. Criminal Justice Review, 2012, 37: 89-109.
- [55] DUROSE M R, COOPER A D, SNYDER H N. Recidivism of Prisoners Released in 30 States in 2005: Patterns from 2005 to 2010 [R]. U.S. Department of Justice, Office of Justice Programs, Bureau of Justice Statistics, 2014-04.
- [56] EISENBERG T, HANNAFORD-AGOR P L, HANS V P, et al. Judge-Jury Agreement in Criminal Cases: A Partial Replication of Kalven and Zeisel's The American Jury [J]. Journal of Empirical Legal Studies, 2005, 2: 171-207.
- [57] Entick v Carrington [1765] EWHC KB J98.
- [58] Ex parte Bain, 1887, 121 U.S.1, 7 S. Ct. 781, 30 L. Ed. 849.
- [59] Ex parte Cassady, 486 So. 2d 453 (Ala. 1986).
- [60] Ex parte Swain, 527 So. 2d 1279 (Ala. 1988).
- [61] Ex parte Yarber, 437 So. 2d 1330 (Ala. 1983).
- [62] Explanatory Memorandum to The Prosecution of Offences (Custody Time Limits) (Coronavirus) (Amendment) Regulations 2020 [R].
- [63] Fair Debt Collection Practices Act. Also 15 U.S.C. § 1692a (6) (C), § 1692 (a) - (e) [S].
- [64] Federal Rules of Criminal Procedure.
- [65] Faretta v. California, 422 U.S. 806 (1975).

[66] GARNIER-DYKSTRA L M, WILSON T. Behavioral Economics and Framing Effects in Guilty Pleas: A Defendant Decision Making Experiment [J]. Justice Quarterly, 2021, 38: 224-248.

[67] GERSHMAN B. The Prosecutor's Duty of Silence [J]. Albany Law Review, 2016, 79: 1183-1220.

[68] GERSHMAN B L. Litigating Brady v. Maryland: Games Prosecutors Play [J]. Case Western Reserve Law Review, 2007, 57: 531-566.

[69] GERSHMAN B L. Educating Prosecutors and Supreme Court Justices About Brady v. Maryland [J]. Loyola Journal of Public Interest Law, 2012, 13: 517-550.

[70] GRAMLICH J. Fewer Than 1% of Federal Criminal Defendants Were Acquitted in 2022 [EB/OL]. (2023-06-14) [2024-09-20]. https://www.pewresearch.org/federal-criminal-data.

[71] GREEN B A, LEVINE S J. Disciplinary Regulation of Prosecutors as a Remedy for Abuses of Prosecutorial Discretion: A Descriptive and Normative Analysis [J]. Ohio State Journal of Criminal Law, 2016, 14: 143-182.

[72] GREEN B A, ROIPHE R. Can the President Control the Department of Justice? [J]. Alabama Law Review, 2018, 70 (1): 1-76.

[73] GOLDSTEIN A S. The Passive Judiciary: Prosecutorial Discretion and the Guilty Plea [M]. Baton Rouge and London: Louisiana State University Press, 1981.

[74] GOULD J B, GREENMAN L. Report to the Committee on Defender Services Judicial Conference of the United States: Update on the Cost and Quality of Defense Representation in Federal Death Penalty Cases [R]. 2010.

[75] GUHA B. Plea Bargaining When Juror Effort Is Costly [J]. Economic Theory, 2024, 78: 945-977.

[76] HAIJER F. Pre-trial Detention: Challenges from the Perspective of Prison Services in Europe [R/OL]. [2023-09-20]. https://www.europris.org/file/pre-trial-detention-challenges-from-the-perspective-of-prison-services-in-europe-may-2020/?download=1.

[77] HAMILTON A, MADISON J, JAY J. ROSSITER C, ed. The Federalist Papers [M]. New York: New American Library, 1961.

[78] HAR J. San Francisco Recalls Progressive Prosecutor Chesa Boudin [N/OL]. (2022-06-08) [2023-09-20]. https://www.pbs.org/newshour/politics/san-francisco-recalls-progressive-prosecutor-chesa-boudin.

[79] Hawaii Rules of Penal Procedure.

[80] Heckler v. Chaney, 470 U.S. 821 (1985).

[81] HELM R K. Innocent Until Persuaded to Plead Guilty: Using Cognitive Psychology to Examine Plea Bargaining's Innocence Problem [D]. New York: Cornell University, ProQuest Dissertations & Theses, 2017.

[82] HENDERSON K S. Defense Attorneys and Plea Bargains [C] //EDKINS V A, REDLICH A D, eds. A System of Pleas: Social Science's Contributions to the Real Legal System. Oxford University Press, 2019: 1-20.

[83] HENDERSON K S, LEVETT L. Plea Bargaining: The Influence of Counsel [C] //MILLER M K, BORNSTEIN B H, eds. Advances in Psychology and Law, Vol.4. Springer, 2019: 73-100.

[84] HOLDER E H Jr. Memorandum from Attorney General to All Federal Prosecutors, Department Policy on Charging and Sentencing [R]. 2010-05-19.

[85] HOLDER E H Jr. Memorandum from the Attorney General to Department of Justice Attorneys, Guidance Regarding §851 Enhancements in Plea Negotiations [R]. 2014-09-24.

[86] HOLDER E H Jr. Memorandum from the Attorney General to The United

States Attorney and Assistant Attorney General for the Criminal Division, Department Policy on Charging Mandatory Minimum Sentences and Recidivist Enhancements in Certain Drug Cases [R]. 2013-08-12.

[87] HUTCHERSON D T II. Crime Pays: The Connection Between Time in Prison and Future Criminal Earnings [J]. The Prison Journal, 2012, 92: 315-335.

[88] HWANG K, DUARA N. Here's Why It Costs $132,860 to House a Prisoner in California [N/OL]. (2024-01-23) [2024-09-20]. https://www.abc10.com/prison-costs.

[89] Idaho Criminal Rule.

[90] In Re April 1956 Term Grand Jury, 7 Cir. F. 2d. 239 (2d Cir. 1956).

[91] In Re Humphrey, 482 P. 3d 1008 (Cal. 2021).

[92] In Re Morgan, 506 F. 3d 705 (9th Cir. 2007).

[93] Inmates of Attica Corr. Facility v. Rockefeller, 477 F. 2d 375 (2d Cir. 1973).

[94] JACKSON R H. The Federal Prosecutor [J]. Journal of Criminal Law & Criminology, 1940, 31: 3-5.

[95] JOHNSON B. Plea-Trial Differences in Federal Punishment [J]. Federal Sentencing Reporter, 2019, 31: 256-264.

[96] JOHNSON B D. Trials and Tribulations: The Trial Tax and the Process of Punishment [J]. Crime Justice, 2019, 48: 313-363.

[97] JUNG S, PETRICK C, SCHILLER E M, MUNSTER L. Developments in German Criminal Law: The Urgent Issues regarding Prolonged Pre-Trial Detention in Germany [J]. German Law Journal, 2021, 22: 303-314.

[98] KALVEN H, ZEISEL H, CALLAHAN T, ENNIS P. The American Jury [M]. Boston: Little, Brown, 1966.

[99] Lafler v. Cooper, 566 U. S. _ (2012) (slip op.).

[100] LANGER M. Plea Bargaining, Conviction Without Trial, and the Global Administratization of Criminal Convictions [J]. Annual Review of Criminology, 2021, 4: 377-411.

[101] LANGBEIN J H. Land without Plea Bargaining: How the Germans Do It [J]. Michigan Law Review, 1979, 78: 204-225.

[102] LANGBEIN J H. Torture and Plea Bargaining [J]. The University of Chicago Law Review, 1978, 46: 3-22.

[103] Legislation Division of Post Audit, State of Kansas, Performance Audit Report: Costs Incurred for Death Penalty Cases: A K-Goal Audit of The Department of Corrections [R]. 2003.

[104] LEIPOLD A D. Why Are Federal Judges So Acquittal Prone? [J]. Washington University Law Review, 2005, 83: 151-227.

[105] LEVINE S J. Taking Ethical Obligations Seriously: A Look at American Codes of Professional Responsibility Through a Perspective of Jewish Law and Ethics [J]. Catholic University Law Review, 2007, 57: 165-202.

[106] Linda R. S. v. Richard D., 410 U. S. 614 (1973).

[107] Litigation Practice Group Proskauer of Proskauer Rose LLP. "New" Guidance from Acting Attorney General on Prosecutorial Discretion [J]. The National Law Review, 2021, XI (228). August 16, 2021.

[108] LIZZA R. LA wants to recall its most progressive prosecutor. Inside the DA's hostile office [N/OL]. (2022-07-15) [2023-09-20]. https://www.politico.com/news/2022/07/15/george-gascon-deep-dive-00045603.

[109] LOWENKAMP C T, VANNOSTRAND M, HOLSINGER A. Hidden Cost of Pretrial Detention [R/OL]. [2022-03-22]. https://nicic.gov/hidden-costs-pretrial-detention.

[110] LYNCH G E. Our Administrative System of Criminal Justice [J]. Fordham Law Review, 2015, 83: 1673-1708.

[111] LYNCH G E. Screening Versus Plea Bargaining: Exactly What Are We

Trading Off? [J]. Stanford Law Review, 2003, 55: 1399-1408.

[112] MACKINNON. The Law and the Lawyers [C] //TURBERVILLE A S, ed. Johnson's England, Vol. 2. 1933: 287-307.

[113] Marbury v. Madison, 5 U. S. (1 Cranch) 137 (1803).

[114] Maryland Court Rules.

[115] Massachusetts Rules of Criminal Procedure.

[116] MCCONNON BC. Alaska's Ban on Sentence Bargaining [J]. Contemporary Economic Policy, 2024, 42 (1): 110-119.

[117] Mississippi Rules of Criminal Procedure Rule.

[118] Milliken v. Stone, 7 F. 2d 397 (S. D. N. Y. 1925).

[119] Miranda v. Arizona, 384 U. S. 436 (1966).

[120] MOTIVANS M. Federal Justice Statistics, 2020 [R]. Bureau of Justice Statistics, Office of Justice Programs, U. S. Department of Justice, 2022-05.

[121] MOTIVANS M. Federal Justice Statistics, 2022 [R]. U. S. Department of Justice, Office of Justice Programs, Bureau of Justice Statistics Bulletin, 2024-01.

[122] Motor Vehicle Mfrs. Association v. State Farm Mut. Auto Ins. Co., 463 U. S. 29 (1983).

[123] Myers v. United States, 272 U. S. 52 (1926) (Brandeis, J., dissenting).

[124] National Registry, 2021 Annual Report [R]. March 2021.

[125] National Registry, 2022 Annual Report [R]. May 8, 2023.

[126] National Study of Prosecutor Elections. The Prosecutors and Politics Project, NCU Law School [R/OL]. (2020-02-01) [2023-09-20]. https://law.unc.edu/wp-content/uploads/2020/01/National-Study-Prosecutor-Elections-2020.pdf.

[127] Nelson LJ, Queally J, Sosa A. San Francisco Voters Recall Progressive

D. A. Boudin [N]. LA Times, 2022-06-07.

[128] New Jersey Death Penalty Study Commission Report [R]. 2007.

[129] Newman v. United States, 382 F. 2d 479 (D. C. Cir. 1967).

[130] No Criminal Charges in Bush-Era Attorney Firings [N]. 2010-07-21.

[131] Oklahoma Bar Association Ethics Counsel. Ethic Opinion No. 156 [R/OL]. 1952-10-08 [2023-09-20]. https://bit. ly/2HJYX6n, https://perma. cc/KG8M-VK2U.

[132] People v. Williams, 305 P. 3d 1241 (2013).

[133] Poe v. Ullman, 367 U. S. 497 (1961).

[134] Pretrial detention [R/OL]. [2023-03-22]. https://www. prisonpolicy. org/research/pretrial_detention/.

[135] Pugach v. Klein, 193 F. Supp. 630 (SDNY 1961).

[136] RENO J. Blue Sheet on Charging and Plea Decisions [R]. 1994-05-01: 1-2.

[137] RENO J. Memorandum from Attorney General to Holder of U. S. Attorneys' Manual, Title 9, Principles of Federal Prosecution [R]. 1993-10-12.

[138] ROBERTS A. Dismissals as Justice [J]. Alabama Law Review, 2017, 69: 327-380.

[139] ROMAN J K, CHALFIN A, KNIGHT C R. Reassessing the Cost of the Death Penalty Using Quasi-Experimental Methods: Evidence from Maryland [J]. American Law and Economics Review, 2009, 11: 530-574.

[140] ROSENBERG T. The Deadliest Prosecutor [N]. New York Times, 1995-07-16.

[141] SAWYER W, WAGNER P. Mass Incarceration: The Whole Pie 2024 [R/OL]. (2024-03-14) [2024-09-20]. https://www. prisonpolicy. org/reports/pie2024. html.

[142] San Francisco Police. Crime Data [R/OL]. [2023-09-20]. https://www. sanfranciscopolice. org/stay-safe/crime-data/crime-dashboard.

[143] Secret M. Bounced Checks: How Local District Attorneys Get a Cut of the Debt Collection Business [R/OL]. (2009-03-02) [2020-09-20]. https://bit.ly/2Sef28y, https://perma.cc/MF63-3UJR.

[144] SHAPIRO A. Timeline: Behind the Firing of Eight U.S. Attorneys [N]. NPR, 2007-04-15.

[145] Sheriff v. Gillie, 136 S. Ct. 1594 (2016).

[146] SHERMER L O, JOHNSON B D. Criminal Prosecutions: Examining Prosecutorial Discretion and Charge Reductions in U.S. Federal District Courts [J]. Justice Quarterly, 2010, 27: 394-430.

[147] SMITH R J. The Geography of the Death Penalty and Its Ramifications [J]. Boston University Law Review, 2012, 92: 227-289.

[148] South Dakota Rules of Criminal Procedure.

[149] Statement of the Judicial Conference of the United States before the House Judiciary Committee [R]. 2014-07-11.

[150] STEVENSON M, MAYSON S G. Pretrial Detention and Bail [R/OL]. (2017-03-13) [2023-09-20]. https://ssrn.com/abstract=2939273.

[151] STITH K. The Arc of the Pendulum: Judges, Prosecutors, and the Exercise of Discretion [J]. Yale Law Journal, 2008, 117: 1420-1497.

[152] STUNTZ W J. The Pathological Politics of Criminal Law [J]. Michigan Law Review, 2001, 100: 505-600.

[153] SUBRAMANIAN R, et al. In the Shadows: A Review of the Research on Plea Bargaining [R]. Vera Institute of Justice, 2020-09.

[154] SUNTAG D. Procedural Fairness, Swift and Certain Sanctions: Integrating the Domestic Violence Docket [C/OL] //FLANGO C, et al., eds. Trends in State Courts 2013. [2024-09-23]. https://ncsc.contentdm.oclc.org/digital/collection/ctadmin/id/2003.

[155] SUITER E, METCALFE C. The Impact of the Defense Attorney on Plea Decision-Making: An Experimental Analysis [J]. Criminal Justice

and Behavior, 2023, 51: 307-328.

[156] SUNTAG D. Pleas, Plea Bargaining, and Domestic Violence: Procedural Fairness as an Answer to a Failing Process [J]. Court Review, 2021, 57: 58-62.

[157] Tennessee Rules of Criminal Procedure.

[158] Texas Code of Criminal Procedure.

[159] THAXTON S. Leveraging Death [J]. Journal of Criminal Law and Criminology, 2013, 103: 475-552.

[160] The CBA C-21 Working Group chaired by Ed Vickers QC. A Report into Day-to-day Issues Experienced by Criminal Barristers in the Crown Court in England & Wales in 2021 [R]. December 2021.

[161] The Confiscation Cases, 74 U.S. 454 (1868).

[162] The Hidden Costs of Pretrial Detention Revisited [R/OL]. (2022-03-22) [2022-04-22]. https://craftmediabucket.s3.amazonaws.com/uploads/HiddenCostsFactSheet.pdf.

[163] The National Registry of Exonerations. 2023 Annual Report [R]. 2024-03-18.

[164] The Prosecutors and Politics Project of NCU Law School. National Study of Prosecutor Elections [R/OL]. (2020-02-01) [2023-09-20]. https://law.unc.edu/wp-content/uploads/2020/01/National-Study-Prosecutor-Elections-2020.pdf.

[165] THORNBURGH D. Memorandum from Attorney General to Federal Prosecutors, Plea Bargaining Under the Sentencing Reform Act [R]. 1989-03-13.

[166] U.S. Department of Justice, Office of Justice Programs, Bureau of Justice Statistics. 2007 National Census of State Court Prosecutors, Prosecutors in State Courts, 2007-Statistical Tables [R/OL]. [2023-09-20]. https://bjs.ojp.gov/content/pub/pdf/psc07st.pdf.

[167] ULMER J T, BRADLEY M S. Variation in Trial Penalties Among Serious Violent Offenses [J]. Criminology, 2006, 44: 631-649.

[168] United States Sentencing Commissio. Report to the Congress: Career Offender Enhancements [R]. 2016-07-28.

[169] United States Sentencing Commission. Mandatory Minimum Penalties, FY 2019 through FY 2023 Datafiles, USSCFY19 - USSCFY23 [R/OL]. [2023-09-20]. https://www.ussc.gov/research/quick-facts/mandatory-minimum-penalties.

[170] United States Sentencing Commission. Annual Report 2023 [R]. 2023.

[171] United States v. Abreu, 747 F. Supp. 493 (N. D. Ind. 1990).

[172] United States v. Armstrong, 517 U. S. 456 (1996).

[173] United States v. Batchelder, 442 U. S. 114 (1979).

[174] United States v. Bean, 564 F. 2d. 700 (5th Cir. 1977).

[175] United States v. Bednarski, 445 F. 2d 364 (1st Cir. 1971).

[176] United States v. Caceres, 440 U. S. 741 (1979).

[177] United States v. Carrigan, 778 F. 2d 1454 (10th Cir. 1985).

[178] United States v. Cowan, 524 F. 2d 504 (5th Cir. 1975).

[179] United States v. Cox, 342 F. 2d 167 (5th Cir. 1965).

[180] United States v. Flemmi, 225 F. 3d 78 (1st Cir. 2000.

[181] United States v. George, 363 F. 3d 666 (7th Cir. 2004).

[182] United States v. Redondo-Lemos, 955 F. 2d 1296 (9th Cir. 1992).

[183] United States v. Stevenson, No. 2: 17-cr-00047, 2018 WL 1769371 (S. D. W. Va. April 12, 2018).

[184] United States v. Suarez, 263 F. 3d 468 (6th Cir. 2001).

[185] United States v. Thompson, 1920, 251 U. S. 407, 40 S. Ct. 289, 64 L. Ed. 333.

[186] United States v. Walker, No. 2: 17-cr-00010, 2017 WL 2766452 (S. D. W. Va. June 26, 2017).

[187] United States v. Wilmore, 282 F. Supp. 3d 937 (S. D. W. Va, Oct. 10, 2017).

[188] United States v. Wilson, 262 F. 3d 305 (4th Cir. 2001).

[189] Utah Rules of Criminal Procedure.

[190] Vermont Rules of Criminal Procedure.

[191] Victims' Rights and Restitution Act, 34 U. S. C. § 20141.

[192] Virginia Supreme Court Rule.

[193] VORENBERG J. Decent Restraint of Prosecutorial Power [J]. Harvard Law Review, 1981, 94: 1521-1573.

[194] WAGNER P, RABUY B. Following the Money of Mass Incarceration [R/OL]. (2017-01-25) [2023-11-24]. https://www.prisonpolicy.org/reports/money.html.

[195] Wayte v. United States, 470 U. S. 598 (1985).

[196] WEDGWOOD R. The Revolutionary Martyrdom of Jonathan Robbins [J]. Yale Law Journal, 1990, 100: 229-237.

[197] West Virginia Rules of Criminal Procedure.

[198] WILLIAMS M R. A Comparison of Sentencing Outcomes for Defendants with Public Defenders Versus Retained Counsel in a Florida Circuit Court [J]. Justice System Journal, 2002, 23: 249-257.

[199] Wisconsin Statutes.

[200] Woolmington v DPP [1935] AC 462.

[201] Wyoming Rules of Criminal Procedure.

[202] ZOTTOLI T M, DAFTARY-KAPUR T, WINTERS G M, et al. Plea Discounts, Time Pressures, and False-Guilty Pleas in Youth and Adults Who Pleaded Guilty to Felonies in New York City [J]. Psychology, Public Policy & Law, 2016, 22: 250-259.

CHAPTER » 后　记

2020年习近平总书记在主持召开企业家座谈会时指出,企业家要立足中国,放眼世界,提高把握国际市场动向和需求特点的能力,提高把握国际规则能力,提高国际市场开拓能力,提高防范国际市场风险能力,带动企业在更高水平的对外开放中实现更好发展,促进国内国际双循环。❶

习近平总书记的重要讲话为企业在新时代背景下实现高质量发展、积极参与全球市场竞争指明了方向。当前,随着国际经济往来日益频繁,企业在拓展海外业务、加强跨境合作以及人员交流中,难免会面临诸多复杂的法律和风险挑战。尤其是在与域外刑事司法系统发生关联时,了解和掌握域外刑事司法规则与程序,已成为企业与个人有效化解风险、维护合法权益的重要保障。

本书是笔者受中国社会科学院和国家留学基金委公派在加利福尼亚州大学伯克利分校做访问学者

---

❶ 习近平:"在企业家座谈会上的讲话",载《人民日报》2020年7月22日,第2版。

期间的成果,是对笔者先前关于认罪制度和刑事司法研究的一个补充。在此,笔者特别感谢知识产权出版社编校老师们的帮助、支持和谅解。由于笔者学识有限,恳请来自各方的批评指正,笔者将不断修正,在此先行致谢。

祁建建

2024 年 11 月于加利福尼亚州伯克利